Haya

Haya

Galileia, século 1.º

A jornada de uma jovem
que ousou seguir Jesus

LIEZA CARPEGGIANI

Haya — Galileia, século 1º: A jornada de uma jovem que ousou seguir Jesus
por Lieza Carpeggiani
© Publicações Pão Diário, 2022
Todos os direitos reservados.

Coordenação editorial: Adolfo A. Hickmann
Revisão: Dayse Fontoura, Rita Rosário, Marília Lara
Projeto gráfico e diagramação: Audrey Novac Ribeiro
Ilustrações de capa e interior: Gabriel Araújo

Dados Internacionais de Catalogação na Publicação (CIP)

Carpeggiani, Lieza
Haya — Galileia, século 1.º: A jornada de uma jovem que ousou seguir Jesus
Curitiba/PR, Publicações Pão Diário

1. Cristianismo   2. Ficção-histórica   3. Século Primeiro   4. Evangelho

---

Proibida a reprodução total ou parcial, sem prévia autorização, por escrito, da editora.

Todos os direitos reservados e protegidos pela Lei 9.610, de 19/02/1998.
Pedidos de permissão para reprodução: permissao@paodiario.org

Exceto quando indicado o contrário, os trechos bíblicos mencionados são da edição Nova Almeida Atualizada de João F. de Almeida © 2017 Sociedade Bíblica do Brasil.

Publicações Pão Diário
Caixa Postal 4190,
82501-970 Curitiba/PR, Brasil
publicacoes@paodiario.org
www.publicacoespaodiario.com.br
Telefone: (41) 3257-4028

Código: E1188
ISBN: 978-65-5350-130-0

1.ª edição: 2022

Impresso no Brasil

*"Há, porém, ainda
muitas outras coisas que Jesus fez.
Se todas elas fossem relatadas uma por uma,
penso que nem no mundo inteiro caberiam
os livros que seriam escritos."*
(JOÃO 21:25)

Agradecimentos

Agradeço a DEUS sempre, acima de tudo e por tudo.
À minha família:
    meu marido, José Carlos,
    minhas filhas, Amanda e Camila,
    minha mãe, Thereza, por todo carinho,
    suporte e incentivo sempre.
Às minhas amigas, amigos e irmãos pelo apoio.
À Dayse Fontoura, revisora, pelo seu trabalho
    e suas muitas dicas.
A toda a equipe de Publicações Pão Diário.
Soli Deo gloria!

Dedicatória

Dedico esse livro à minha mãe, Thereza (com h e com z,
como ela sempre gosta de frisar).
Agradeço por todo o esforço que ela fez
para eu ser quem eu sou!

Endossos

Tive o privilégio de conhecer a Lieza nos anos 90 por seu envolvimento com a música cristã. Uma mulher de fé, corajosa, cheia de criatividade e musicalidade, compositora de cânticos que me inspiraram e ainda me motivam a amar mais a Deus, ser adorador e participar de Sua missão no mundo. Na obra de ficção Haya — Galileia, século 1º: A jornada de uma jovem que ousou seguir Jesus, *mais uma vez, percebemos seu talento na riqueza de detalhes que nos transportam ao primeiro século da Era Cristã, enquanto narra a vida de Haya, uma menina pertencente a uma família produtora de azeite. Haya acompanha os ensinos e feitos de outro "produtor de azeite", Jesus, e nessa jornada vai sendo transformada dia a dia. Sim, esse Jesus ainda pode tocar e transformar vidas nos dias de hoje. Se esse é o seu desejo, não perca tempo, comece já esta leitura agradável e surpreendente!*

PR. MARCÍLIO DE OLIVEIRA — Ministério Integração e Células da Primeira Igreja Batista de Curitiba

Existem pessoas que se tornam resilientes em diferentes momentos da vida, mas principalmente nas adversidades.

A Lieza é uma das pessoas que me inspiram, ao recordar e acompanhar como ela enfrenta as adversidades.

Por isso, recomendar a leitura deste livro, é desafiar você, leitor, a ir além da narrativa e conhecer um pouco da forma de pensar e viver da Lieza. Uma mulher, mãe, esposa, serva resiliente, que surpreende com os seus dons, talentos e serviço do Reino e que vive os milagres de Jesus a cada dia.

A narrativa pode ser numa perspectiva literária de ficção, mas a profundidade do texto revela fatos que acompanham a vida da Lieza até os dias de hoje.

Que o Senhor abençoe você, Lieza, e os seus. Você é uma bênção!

PR. PAULO DAVI — Ministério de Adoração e Louvor
da Primeira Igreja Batista de Curitiba

Tudo na Lieza é pura poesia. Desde que a conheci, testemunho o interesse e o zelo com que ela lida com as coisas de Deus e com a arte, seja em palavras, sons, gestos ou imagens. Sua paixão pela escrita está refletida nesta obra, que tive o privilégio de ver nascer, crescer e, finalmente, tornar-se realidade. Meu desejo é que cada palavra deste livro traga mais cor aos corações descoloridos, e que eles voltem a cantar e dançar, à semelhança do coração criativo do maior de todos os artistas: o nosso Rei Jesus.

TALLITA TODESCHINI — Ministério de Adoração
e Louvor da Primeira Igreja Batista de Curitiba

Sumário

Introdução..................13
Prólogo — Mediterrâneo..................15
1. O olival..................17
2. O lagar..................27
3. O que é de César..................35
4. Ágora em Séforis..................51
5. O casamento em Caná..................65
6. *Tekton*..................79
7. Vendilhões..................103
8. De Nazaré a Cafarnaum..................125
9. Os zelotes..................153
10. Milagres messiânicos..................173
11. Desconstrução..................191
12. Efervescência..................201
13. Messias..................221
14. Crime em Jerusalém..................233
15. A Páscoa perdida..................253
16. No invisível..................261
17. Desígnio..................271
18. Além-mar..................285

Introdução

Olá, leitor!
Antes de mais nada, obrigada por folhear este livro!

O QUE VOCÊ ENCONTRARÁ NELE
Uma narrativa de ficção histórico-cristã, que conta a trajetória de Jesus pelos olhos de uma jovem moradora da Galileia.
O resultado de pesquisa em obras de diversos autores estudiosos da Bíblia.
A condução da narrativa de acordo com os quatro Evangelhos, escritos por Mateus, Marcos, Lucas e João.
A busca de formas simples de mostrar os detalhes de uma história antiga, recontada por um novo ângulo

O QUE NÃO ENCONTRARÁ
Todos os detalhes sobre os fatos que aconteceram no Século Primeiro, naquela região do mundo, que englobava a Galileia, Judeia e Samaria, porque seria simplesmente impossível. Não conhecemos tudo. Teólogos, historiadores e arqueólogos têm se esforçado em seus estudos e cada vez mais evidências surgem, embora as dificuldades não sejam poucas e os avanços lentos.

POR ÚLTIMO

Expresso meu desejo: que você leia cada página com satisfação, que o conteúdo acrescente algo bom e, porque não, que você goste deste trabalho.

Então, é hora de começar a viagem pelas páginas dessa história.

Tenha uma boa leitura!

Lieza Carpeggiani

Prólogo

MEDITERRÂNEO

Tudo o que eu conhecia como vida tinha ficado para trás. À minha vista, o porto foi diminuindo lá na cidade de Ptolomaida. Conforme o barco se afastava, pude ver o monte Carmelo envolto na bruma que se levantava da maresia. A cada milha, ficava mais claro que minha vida na Galileia estava tomando lugar no passado. A minha casa, o olival, o lagar, os amigos e os vizinhos. E a mesa da gruta no nosso lagar. Nunca mais nos sentaríamos juntos em volta daquela mesa onde, tantas vezes, nos reuníramos para as refeições que preparávamos com o azeite que nós mesmos produzíamos. Em torno daquela mesa, descansávamos do trabalho ou simplesmente ali nos sentávamos quando queríamos fazer as refeições fora de casa, sentindo o aroma do olival. Jamais a esquecerei.

Olhei para o Mediterrâneo enquanto o barco singrava suas águas levando-me nessa travessia sobre um mar de novidades. Para quem viveu todos os dias da vida pisando no solo firme da Galileia, o convés de um barco não parecia chão, mas um lençol flutuando sobre mistérios. O cheiro forte do mar brigava com a minha lembrança do perfume do olival — delicioso, doce, cheiro do lar. Embora ambos tivessem a cor verde, o tom não se assemelhava. A superfície do mar era ondulada pelo vento — esse invisível poder que, agora, tão distante dali, eu sabia que também fazia dançar as folhas das oliveiras. Mas isso agora era só uma lembrança a soprar nos meus pensamentos.

Havíamos partido para uma nova vida, longe da nossa terra. Um frio sentimento de perda se acomodava dentro de mim. Porém, havia a contrapartida de estar sendo levada a algo inédito. Um frescor de alma. Trazia guardado dentro do peito um sentimento que me dava esperança, uma novidade de vida.

Tudo começou naquele dia em que vi o Mestre pela segunda vez na minha cidade de Caná da Galileia.

1

O olival

*E falarás aos filhos de Israel, dizendo:
Este me será o azeite da santa unção
nas vossas gerações.*
(ÊXODO 30:31 ARC)

À sombra dos galhos fartos da oliveira, eu me protegia do sol da Galileia, apoiando-me no tronco retorcido, enraizado por séculos àquela terra. Para onde quer que olhássemos, podíamos ver as silhuetas das colinas, como uma obra de artista a nos rodear, lembrando-nos da mão poderosa que as esculpiu em proporções perfeitas, desvelando um código secreto que conduz nossa mente e coração para além da humanidade. O amarelo bronzeado da terra abrigava gradações do verde suave da relva e das hortas, até os tons mais escuros dos ciprestes, passando pelo verde acinzentado dos olivais tremulando ao vento. Sob o céu de outono, de azul cobalto profundo e limpo de nuvens, o perfume das olivas e da terra dançavam no ar ao som das músicas, que eu dedilhava em meu saltério. Junto com os lavradores, entoávamos canções. Nossa trilha sonora, que nos enchia de alegria e gratidão pela colheita. A bondade e a misericórdia de *Yahweh*, nosso Deus e Senhor único, eram cantadas em louvor ao Criador:

Com as chuvas
amacias bem as terras,
crescem as plantações.
Como é grande a colheita
que vem da Tua bondade!

Por onde passas, há bênção.
Tuas pegadas destilam fartura
Mesmo no deserto
Os campos se tornam verdes
Tudo grita e canta de alegria.

Cada fruto era colhido com suavidade, e, em retribuição, as mãos calejadas pelo trabalho, receberiam a maciez vinda dos bálsamos perfumados feitos com o azeite que logo seria extraído das azeitonas no lagar. Os doentes seriam ajudados com os unguentos medicinais; as noites não seriam tão escuras dentro de cada casa, quando as lamparinas fossem acesas; em volta da mesa, com a família reunida, as refeições teriam mais sabor quando o azeite fosse vertido das olivas para o dia a dia das pessoas.

Entre nosso povo, havia muitos que eram oleiros, outros artífices em metal, banqueiros, advogados, escribas, curtidores de couro, pescadores, padeiros, construtores, mercadores, marinheiros. Nós fazíamos azeite. Era esse o nosso trabalho. Era disso que vivíamos. Era isso que gostávamos de fazer. E gostávamos muito! Esse tem sido o trabalho da nossa família há gerações. Foi o trabalho de meus avós, que ensinaram a meus pais, e eles estão nos treinando continuamente, a meu irmão e a mim. Seu desejo é que nos tornemos tão bons produtores de azeite quanto eles. Desde pequenos, estávamos juntos no olival, vendo-os colher as azeitonas, acomodá-las nos cestos e levá-las ao lagar para serem prensadas. Os dias de nossa vida transcorriam assim.

Quando eu olhava para o olival, lá de cima do lagar, e conseguia ver as árvores salpicadas de azeitonas, sabia que os frutos estavam prontos, era a hora de começar a colheita. Antes que o sol nascesse, os trabalhadores já se preparavam para ganhar o dia no olival. Alguns traziam em suas sacolas pequenos chifres de cabra para prender na ponta dos dedos. Com essas unhas prolongadas eles penteavam os galhos das oliveiras, assim destacando mais facilmente cada azeitona de sua haste. Outros preferiam usar garfos de madeira com cabo longo, a fim de alcançar as porções mais altas da árvore, deslizando a ferramenta de alto a baixo, desemaranhando com delicadeza os ramos.

Panos de saco eram estendidos para forrar o chão junto ao pé das árvores. Os frutos eram apanhados na rede e, dessa forma, não se espalhavam, nem sofriam machucados pelo choque brusco no chão pedregoso. Em árvores mais altas, escadas eram usadas para alcançar a copa, mas essa técnica não era a preferida de meu pai, Oren, por isso raramente se fazia assim em nosso olival. Não lhe agradava ver o peso das pessoas quebrando os galhos de suas oliveiras.

—Muitas dessas mudas foram trazidas do Chipre, nossa terra natal, para se desenvolver aqui nessas terras, por mim e minha querida esposa Naamah quando chegamos à Galileia — repetia meu pai, cada vez que trabalhadores novos se apresentavam para o trabalho.

O amor à terra era visivelmente correspondido. Carregados, os galhos das oliveiras se vergavam de maneira que meu irmão e eu podíamos colher os frutos na base das frondes, apenas estendendo as nossas pequenas mãos de criança, enquanto brincávamos e corríamos por entre as oliveiras. No entanto, nem tudo era colhido. Nossos pais sempre enfatizavam que uma parte do que a terra produzia deveria ser deixada intocada, para que as pessoas necessitadas pudessem encontrar algum mantimento. Assim, muitos daqueles frutos que ficavam próximos ao alcance das mãos não eram colhidos pensando em quem viria depois. Foi dessa maneira que aprendemos e era assim que sempre procedíamos em nossas terras, embora soubéssemos que nem todos os agricultores nas vizinhanças estivessem interessados em considerar essa parte da Lei, o que atraía cada vez mais necessitados às nossas terras.

Não nos importávamos com a presença deles ali. Pelo contrário, gostávamos de poder ajudá-los. Minha mãe dizia para pensarmos na situação inversa, caso nós estivéssemos em dificuldades. Esse pensamento fazia com que Yesher, meu irmão, e eu fizéssemos montinhos de azeitonas deixadas aos pés das árvores, para facilitar a vida de algumas crianças que víamos junto com os adultos. A eles bastava que viessem e colhessem sua porção, não só do olival, mas também da horta que mantínhamos na terra ao lado da nossa casa. Nossa horta não era grande como o olival, mas tínhamos uma produção diversificada. Assim que terminávamos a colheita, o espaço igualmente ficava aberto para que essas pessoas viessem e colhessem o que lhes havia sido deixado. As azeitonas que eles colhiam, poderiam ser levadas para o monte nos arredores da nossa cidade, onde havia um lagar pequeno, com duas moendas, destinado ao uso público, onde se podia espremer as azeitonas na prensa do azeite e esmagar as uvas na prensa do vinho.

Ao final de um período de trabalho, as rústicas redes de linho sob as árvores ficavam cheias não só de frutos, mas também de folhas e gravetos, que ali mesmo começavam a ser retirados. As azeitonas limpas eram acomodadas em cestos, para, sem demora, serem levadas ao lagar, a poucos metros do olival, na parte mais alta da colina. Quanto antes os frutos fossem moídos, melhor qualidade de azeite se obteria.

O trabalho ali em nossas terras não era um fardo pesado. Parecia-se mais ser uma reunião de amigos, famílias que, juntas, se empenhavam e suavam em busca do sustento. Ao final do período de trabalho naquele dia, podíamos ver os cestos cheios de azeitonas, preparadas para serem carregados na carroça em direção ao lagar, morro acima. Yesher assegurou-se de que cada cesto fosse acomodado na carroça com cuidado, para não amassar os frutos. Por esse mesmo motivo, o trajeto até o lagar precisava ser feito sem pressa, evitando que as pedras e os buracos no caminho sacolejassem demasiadamente a carroça e ferissem os frutos.

Esse era o momento de guardar o saltério na minha sacola e pegar o cajado para me levantar. Tão logo me preparei para me erguer de onde estava sentada, uma pedra solta entre o chão inclinado e a minha bengala engendrou uma armadilha e roubou meu equilíbrio. Escorreguei no solo íngreme e arenoso. Tentei somente proteger a sacola onde havia guardado meu instrumento. Não queria que ele se quebrasse. O som seco do tombo atraiu a atenção dos mais próximos. Minha mãe deixou o que estava fazendo e correu para me socorrer. O cesto que ela estava arrumando virou, deixando um rastro de azeitonas espalhadas atrás dela. Chegaram também Yesher e meu pai. Ambos me levantaram como se eu fosse um saco de azeitonas, que não pudesse ser machucado.

—Está tudo bem! — eu disse, tentando manter um sorriso. — Não se preocupem, por favor.

O vermelho vivo do machucado novo no joelho, tomou lugar perto de uma cicatriz antiga, grande, feia, disforme. Uma memorável tatuagem na pele recobrindo uma porção de músculo minguado. De súbito, a imagem entristeceu os semblantes.

—Yesher, traga o bálsamo que está no coche, por favor — disse minha mãe, passando por cima da dor que lhe subiu ao peito, encerrando assim o breve e constrangedor silêncio.

Não seria a primeira vez que minha mãe usaria o bálsamo, feito por ela mesma, com azeite, mel e ervas medicinais, sobre uma ferida em mim.

—Obrigada, mas não precisa. Eu posso fazer isso sozinha. Já estava mesmo indo para a carroça. Podem voltar. Tem muita coisa ainda a ser feita — eu disse, tentando ser independente e, ao mesmo tempo, desviar a atenção de mim. Não queria ser tratada como a inútil da família, por causa daquela perna coxa.

Yesher atendeu meu pedido e foi se afastando. Papai, com carinho, pôs a mão em meu rosto, sorrindo ternamente antes de também se retirar.

—Está bem, Haya. Vou apenas ajudá-la a se levantar, minha filha — disse minha mãe, que obviamente não sairia dali, mesmo se eu pedisse diretamente.

Sem outra alternativa, segurei em seu braço e me equilibrei em pé. Não queria admitir, mas seu apoio tornou menos vergonhoso o meu levantar do chão. Com raiva, apoiei-me na minha bengala, agora com mais cautela e me precavi de que nenhuma pedra se soltaria sob o cajado. Seguimos assim até a carroça, sem pressa, onde meu pai já havia preparado um lugar para mim, abrindo espaço entre os cestos. Derramei um pouco de vinho sobre o ferimento e o limpei. Meus olhos lacrimejaram, mas meus lábios permaneceram apertados e silentes. Isso não era nada perto do que eu guardava na alma. A visão do sangue na minha perna em cima da antiga cicatriz trouxe de novo sentimentos fortes o suficiente para não permitir que lágrima alguma chegasse a deslizar sobre meu rosto quente pelo calor das lembranças revividas. Elas evaporavam antes de começar a rolar. Desviei o olhar. Peguei a pequena ânfora com o medicamento e verti o bálsamo sobre a ferida. O bem-vindo efeito anestésico fez o ardimento esvanecer aos poucos. Benditas ervas medicinais que mamãe misturava ao unguento! Como se quisesse dizer algo, minha mãe me fitou com ternura, mas desistiu e voltou o olhar para o olival. Talvez ela sentisse pena e ao mesmo tempo cansaço da minha rispidez. Enfaixei o joelho esfolado com um trapo limpo que encontrei. Mais cestos foram colocados dentro da carroça ao meu redor. Estávamos prontos para subir a colina do lagar. Os cestos de azeitona e eu.

2

O lagar

—*Ordene aos filhos de Israel
que lhe tragam azeite puro de oliveira,
azeite batido, para o candelabro,
para que haja lâmpada acesa continuamente.*
(LEVÍTICO 24:2)

A produção de azeite exigia apuro e paciência.
—Atenção, todo mundo! Nada além das azeitonas entra no lagar — disse meu pai aos trabalhadores.

Os panos trazidos do olival, enrolados como trouxas dentro dos cestos, iam sendo deles retirados e abertos para expor as azeitonas e iniciar a última limpeza. Os resíduos que ainda restavam eram removidos. Nada de graveto, nem uma folhinha sequer seria moída com as azeitonas. Meu pai sabia que detalhes como esse resultavam no nosso afamado azeite procurado por pessoas de diversas regiões. Assim, a produção só crescia e as vendas aumentavam. Isso permitiu que nossos pais comprassem um terreno ao lado, aumentando nossa propriedade para plantar mais mudas de oliveira. Ano a ano, víamos as árvores crescerem. Em geral, uma oliveira começava a produzir seus primeiros frutos depois de uns cinco anos. Muitas dessas árvores valentes já frutificavam até com três anos no clima mais seco e solo pedregoso da Galileia.

Meu pai observava o trabalho primoroso de todos ali no lagar e se aproximou de mim. Eu estava sentada em um banquinho baixo, onde também ajudava a separar as azeitonas dos resíduos indesejados.

—Esse é o segredo do nosso azeite, Haya.

—Claro, pai, assim como a terra e o clima da Galileia — eu respondi com a impaciência adolescente de quem acha que já sabe as respostas para a vida.

——E a bênção de Deus, filha. Nunca esqueça disso. A bênção de Deus! Ele nos abençoa muito mais do que merecemos. Todo o ano o Senhor nos dá colheita abundante — disse meu pai, sorrindo largamente — E logo teremos mais olivas para colher no olival novo.

Sei que ele havia pensado em perguntar como estava meu joelho, mas diante da minha animação no lagar, presumiu que tudo estivesse bem e preferiu nada dizer. Voltou-se para o pequeno grupo de trabalhadores. Eles já haviam lavado as azeitonas com a água trazida do poço lá da beira da estrada na entrada da cidade naquela manhã. Depois de lavadas eram expostas nas redes para secar, o que não demorava muito por causa do nosso clima.

—Tragam as ânforas! Vamos começar a prensagem!

—Claro, Senhor Oren.

Alguns trabalhadores foram buscar as ânforas, enquanto outros puxavam as pontas dos panos, fazendo trouxas cheias de azeitonas limpas.

O primeiro lote com frutos limpos, lavados, em perfeito estado, foi levado até a canaleta circular do moinho escalavrado na pedra. A força motora para rodar a mó dentro da canaleta vinha de um jumento preso a uma viga de madeira que traspassava a roda de pedra que girava dentro do moinho.

—Lembro que quando eu comecei, eu era o jumento! — disse meu pai, soltando uma gargalhada larga.

Sob o comando dele, o animal começou a andar em torno do moinho, enquanto as azeitonas eram moídas pela mó rodando dentro da canaleta. Do orifício lateral do moinho saía o primeiro fio de azeite que escorria pelo funil para dentro das ânforas. Restava na canaleta a pasta oleosa das olivas moídas. Papai ia trocando as ânforas que tinham um pequeno sinal incrustado na cerâmica: "א", "*Alef*", a primeira letra do alfabeto hebraico. Essas ânforas eram marcadas assim porque nelas era acondicionado o primeiro azeite que produzíamos, o melhor azeite, o mais puro. Quando viajássemos para

Jerusalém, as ânforas *Alef* seriam levadas ao Templo para a oferta das primícias. Dedicávamos a Deus o melhor, com gratidão por tudo o que Ele tinha nos concedido. Sendo pouco ou muito, sempre dedicávamos com alegria a oferta da nossa produção a Deus.

—Ah, olha essa cor! Nenhuma pedra preciosa pode ser tão linda! — meu pai se entusiasmou olhando o azeite que escorria para dentro das ânforas *"Alef"*.

Eu ficava feliz em ver meu pai assim. Aquilo era a vida e a alegria para a família. Desde criança, eu me encantava com os aromas, com a cor do azeite e com a alegria paterna. Mas o que eu mais gostava era de viajar para vender o azeite na Ágora de Séforis, antiga capital da Galileia. A cidade havia sido construída por Herodes Antipas, filho e herdeiro de Herodes, o Grande. Ele havia sido nomeado pela autoridade romana como governador das províncias da Galileia e Pereia.

Na minha imaginação infantil, viajar para Séforis era como ir para a capital do Império. Ao passar pela rua principal em Séforis, eu me via participando de um desfile do Triunfo, como se pudesse ser uma general recém-chegada da batalha e sendo recebida em Roma com os louros da vitória. Meu olhar de menina se admirava com a arquitetura que Antipas havia copiado dos prédios da capital romana, fazendo daquela cidade seu mini-império.

A megalomania em Séforis durou até o governador decidir se mudar para Tiberíades, batizada assim em homenagem ao Imperador Tibério. Esta era uma cidade movimentada à beira do mar da Galileia, que logo também começou a ser chamado mar de Tiberíades, em nova adulação ao imperador. Os galileus entendiam aquilo como um falso elogio, um deboche apropriado para um monarca odiado e opressor. Afinal, o mar de Tiberíades não era mar de verdade, era um mar fictício, que não passava de um lago enorme. O elogio era tão verdadeiro, quanto o lago era mar.

Lá no olival, começaram a chegar pessoas para colher os frutos que foram deixados nas árvores de propósito para eles e os que ficaram caídos ao redor das árvores, não ajuntados intencionalmente.

—Pai, já tem gente lá no olival. Nós temos bastante água aqui, podemos lhes dar um pouco — eu disse.

Ele foi até onde podia ser notado e chamou aquelas pessoas.

—Olá! Subam aqui. Temos água fresca. Venham!

As pessoas ficaram paradas olhando, e ele repetiu seu chamado, fazendo-lhes gestos para virem até ali em cima, no lagar. Envergonhadas, elas se limitaram a acenar, esboçando seu agradecimento, e ficaram no olival. Eram mulheres, viúvas em sua maioria. Havia também órfãos e pessoas incapacitadas fisicamente. Gente que sobrevivia da bondade de outros. Desprezados sociais, sem herança, sem família.

—Temos muito pão aqui, Oren. Podemos repartir com eles — disse minha mãe.

—Eu mesmo vou levar, pai, se o Senhor permitir — disse Yesher.

—Claro, meu filho. Faça isso logo, antes que eles corram assustados. Leve uns servos com você e lhes dê também água.

—Os cântaros de água já estão prontos, senhora Naamah — disse uma das servas.

Yesher e alguns servos levaram água, pão e lhes disseram que eram bem-vindos ali para subir ao lagar junto com eles, mas aquelas pessoas não quiseram subir, agradecendo tanta hospitalidade e bondade. Preferiam ficar no olival. Isso lhes bastava.

O trabalho seguiu após a rápida pausa. A pasta que ficou na canaleta do moinho de pedra, foi colocada dentro de discos de juta, com orifício no centro, e levada para a segunda prensagem no lagar, a enorme bacia de pedra, onde os discos iam sendo empilhados, até formar uma coluna.

Em uma grande viga de madeira, era amarrada uma pedra grande cortada grosseiramente em formato de roda. Com o peso dessa pedra baixada sobre a coluna de discos de juta, ela era mais espremida, até que não saísse nenhum óleo mais. Essa segunda extração produzia um azeite de qualidade ainda aceitável para a culinária, porém seu maior uso era na fabricação de perfumes e bálsamos medicinais. Uma nova pedra era adicionada à viga, aumentando o peso sobre os discos de juta e fazendo a terceira prensagem. Esse azeite, cada vez mais opaco, era usado em lamparinas. Quando mais nenhuma gota de óleo saía, o bagaço pastoso residual era retirado dos discos para a produção de sabão, muitas vezes com a adição de ervas aromáticas e, finalmente, os caroços seriam usados na argamassa para reforçar as construções. Como meu pai costumava dizer: "Da oliva, nada se perde". O azeite era uma bênção para todos nós.

3

O que é de César

É lícito pagar imposto a César ou não?
Mas Jesus, percebendo a artimanha deles, respondeu:
—Mostrem-me um denário. De quem é
a figura e a inscrição? Eles responderam:
—De César. Então Jesus lhes disse:
—-Pois deem a César o que é de César
e a Deus o que é de Deus.
(LUCAS 20:22-25)

Todos os dias a rotina se repetia.

Durante a colheita no olival, a nossa rotina era encher os cestos com grandes quantidades de frutos para serem levados ao lagar no alto da colina. A carroça ia e voltava várias vezes fazendo o mesmo percurso. Por hábito, quando os cestos começavam a ser levados colina acima em direção à pedra do lagar, minha mãe deixava o olival seguida pelas servas. Elas iam fazer os preparativos para uma farta refeição, com os arranjos culinários que se assemelhavam a um pequeno banquete. As crianças, que não paravam de correr e brincar, enchendo o lugar com suas vozinhas risonhas, sempre seguiam as mulheres onde elas estivessem e gostavam de ajudar a levar as louças e demais vasilhas com alimentos da gruta para a mesa.

Costumávamos ter duas refeições maiores durante o dia. Uma delas era esse aparato gastronômico no meio do dia, preparado pelas mãos habilidosas daquelas mulheres sob o comando da minha mãe, em que todos nós juntos comíamos ao redor da mesa do lagar. A outra refeição era à noite, cada um em sua casa, na intimidade do lar com sua família. Entre essas duas refeições feitas à mesa, costumávamos fazer pequenas pausas no olival e então comíamos alguma fruta fresca ou seca e bebíamos água. Mas, sem a menor dúvida, estar ao redor da mesa do lagar com todos era o ponto alto do dia. Eu me deliciava ouvindo as conversas, as histórias que eles sempre tinham para contar. Naquele momento também ficávamos atualizados com as notícias da nossa cidadezinha e até dos vilarejos ao nosso redor. Eles comentavam sobre quem tinha comprado algo e quem estava vendendo alguma propriedade ou objeto que pudesse interessar a algum deles.

Repetiam-se as histórias ouvidas dos mercadores que atravessavam o mundo com suas caravanas. Falava-se até sobre os problemas de saúde das pessoas, que iam da urticária que estava atrapalhando o trabalho do curtidor de couro até os problemas de visão do ferreiro.

Certa vez, quando criança de uns 6 ou 7 anos, cheguei a ouvir entre cochichos dois empregados comentando que o adestrador de cavalos do rei Herodes estava sofrendo de algo que eu nunca ouvira falar, algo chamado hemorroidas. Eu não sabia o que era aquilo, mas tinha certeza de que um bom bálsamo de azeite com ervas medicinais podia ajudar a curar qualquer coisa. Tantas vezes tinha visto minha mãe preparar bálsamos, que eu pensava que certamente ela era especialista nesses unguentos medicinais. Então, claro, fui falar com ela sobre o assunto, como se fôssemos duas médicas decidindo o tratamento de um paciente. Assim que ela me explicou o suficiente sobre o que se tratava a misteriosa palavra, eu achei melhor deixar minha promissora carreira na medicina de lado.

No frescor da gruta próxima do lagar, botijas com água e alimentos envoltos em trouxas de pano eram trazidos logo de manhã e ali guardados para aquele momento encantador. Assim, não precisaríamos voltar até a casa repetidas vezes a fim de buscar as comidas. Aquele também era o lugar onde deixávamos a mesa retangular, feita de com madeira das oliveiras de nossas terras. Era minha mesa preferida. As tábuas haviam sido cortadas e encaixadas umas nas outras de forma que os veios se uniam, formando desenhos interessantes. Foi um trabalho como só um artífice habilidoso poderia fazer com troncos tão retorcidos como os da oliveira. O tampo foi fixado com cravelhas feitas com o cerne mais duro em uma base onde ficavam os pés. O resultado desse trabalho foi uma mesa lisa, bem polida com cera de abelhas.

Como de costume, a mesa foi colocada em frente à pequena caverna, ali mesmo no lagar, à sombra das árvores. Logo os trabalhadores subiriam a colina no intervalo entre a colheita e a prensagem das azeitonas, quando todos descansariam e recobrariam as forças para prosseguir com a segunda etapa do dia. Meus pais haviam elaborado o processo em nossa fazenda dessa maneira, respeitando a delicadeza das olivas, não deixando que ficassem muito tempo guardadas esperando a prensagem. Todo o processo não deixava de fora o bem-estar dos trabalhadores.

Do poço, à beira da estrada que cortava a cidade, as servas trouxeram cântaros com água, deixados a descansar na sombra, dentro da gruta. Não muito longe da mesa, logo à entrada da pequena caverna, um servo já estava pronto, segurando o cântaro para derramar água nas mãos, pés e rosto de cada um de nós. Um ritual de purificação, antes de se assentar à mesa — o altar de comunhão sagrado e abençoado. Essa água era sempre recolhida em uma vasilha, posicionada próxima aos pés do servo. Mais tarde, no fim da tarde, a água desse jarro seria levada para regar a terra da horta. Nenhuma gota era desperdiçada, não podíamos nos dar a esse luxo naquela terra de chuvas escassas.

Logo que todos estávamos reunidos no lagar, assentávamo-nos à mesa, e meu pai relembrava um trecho das Escrituras Sagradas:

E Deus disse:
—Que a terra produza relva, ervas que deem semente e árvores frutíferas que deem fruto segundo a sua espécie, cuja semente esteja no fruto sobre a terra.
E assim aconteceu.
E a terra produziu relva, ervas que davam semente segundo a sua espécie e árvores que davam fruto, cuja semente estava nele, conforme a sua espécie.
E Deus viu que isso era bom.

(GÊNESIS 1:11-12)

Depois, ele fazia uma oração a Deus, dando graças por tudo, junto com nossa família e empregados. Aquelas terras tinham se tornado o seu lar desde que chegara do Chipre. Vieram da herança pelo falecimento de um parente de minha mãe. Naquela ocasião, a mensagem chegara em tom de urgência para que se apressassem e ocupassem a terra herdada na Galileia, antes que algum posseiro a tomasse ou mesmo para evitar que sua posse passasse ao governo. Ainda que o falecido fosse parente de minha mãe, era meu pai quem receberia a herança, já que as mulheres não tinham esse direito, passando a seus maridos, caso fossem casadas, ou a seus pais ou irmãos, se solteiras. E foi assim que eles deixaram o Chipre para vir morar na Galileia.

A princípio, temeram. Era sabido que havia muitas tensões naquela terra, tanto contra os romanos quanto entre o próprio povo, dividido em facções por divergências de pensamentos religiosos e interesses políticos, muitas vezes misturando as duas coisas. Por razões como essas, muitos de seus antepassados acabaram indo morar no Chipre, deixando a Galileia. A região era um caldeirão fervilhando antagonismos entre fariseus, saduceus, herodianos, escribas, zelotes, publicanos, samaritanos e gentios. Meus pais, Oren e Naamah, eram ainda muito jovens, quando chegaram. Na época, o imperador de Roma ainda era César Augusto. Não demorou muito para que aprendessem a amar a Galileia, lugar onde lhe nasceram os dois filhos, Yesher e eu. Ali prosperaram.

Depois que Tibério César se tornou imperador, as coisas começaram a ficar mais difíceis. Herodes Antipas foi nomeado governador da Galileia e era um bajulador de Tibério. Apreciava os ideais romanos e amava sua arquitetura, sempre grandiosa. Quando transferiu a capital de Séforis para Tiberíades, a opulência de sua nova capital, copiava os traços das construções de Roma. Era de se esperar que isso acarretasse pesados impostos. O povo pagaria a conta das ambições de Antipas e seus prédios suntuosos. Meus pais aprenderam a sobreviver naquela terra, sem criar conflitos, sobretudo com os romanos. Todos nós queríamos viver afastados de qualquer embate desnecessário. Estávamos satisfeitos com o que conseguíamos da terra e vivíamos em paz com todos na vizinhança e com nossos amigos.

Durante o curto descanso, no meio do dia, em volta da mesa, papai relembrou — mais uma vez! — que da oliveira tudo se aproveitava: frutos, madeira, até o bagaço final da prensagem era útil.

—O azeite é a nossa vida. Vejam! Na nossa comida, no sabão que usamos nos banhos. Dentro do Templo em Jerusalém, os batentes da entrada do Santo Lugar foram feitos com a madeira da oliveira, assim como no Santo dos Santos,

Salomão mandou esculpir dois querubins com essa madeira; o azeite deve encher o candelabro no Templo, a Menorah, que representa a luz de Deus que nunca se apaga, a luz que brilha continuamente. Foi um ramo novo de oliveira no bico da pomba que retornou à arca, trazendo a Noé a mensagem de que as águas haviam baixado. Até esta mesa que estamos usando foi feita de madeira das nossas oliveiras, há mais de quinze anos, por um *tekton* habilidoso de Nazaré — disse meu pai.

—De Nazaré? — um dos trabalhadores mais novos perguntou surpreso.

—Então, de Nazaré saiu uma coisa boa! — respondeu seu companheiro.

Enquanto conversávamos, uma minúscula nuvem de poeira se levantava ao longe, lá na entrada da propriedade. Por entre os galhos das oliveiras, podia-se ver que a nébula estava cada vez mais próxima. Seu ruído fez com que todos se virassem. O trote dos cavalos do pequeno destacamento montado de soldados romanos se aproximava. A expressão fechada no rosto de Yesher traduzia o resmungo ininteligível que saía de sua boca. A não ser pela brisa a balançar alguns fios do meu cabelo, eu não me movi do banco onde estava sentada, congelada diante daquela intrusão. Os servos e empregados estavam atentos a tudo. As crianças vieram para junto de seus pais.

Quatro soldados e um cobrador de impostos se materializaram de dentro da neblina de pó logo ao pé da colina. Subiram pelo mesmo caminho que fazíamos com as carroças e pararam perto da mesa, sem apear. Sua chegada espalhou a névoa suja, no pó de suas palavras.

—Salve! — disse o líder do destacamento.

—*Shalom*! O que os traz aqui, soldado? — perguntou meu pai, já postado em pé ao lado da mesa.

O romano retribui com meio sorriso, não se dando o trabalho de gastar a outra metade da boca ao demonstrar uma simpatia usurária para com um judeu. Olhou para o olival, depois para a mesa e para cada um dos que ali estavam, como se passasse em revista uma tropa remelenta e franzina. Conforme os cavalos se agitavam, os militares se moviam, e o brilho dos detalhes de metal incrustado nos peitorais em couro dos uniformes ardeu em nossos olhos, trapaceando nossa visão por alguns segundos.

—Você progrediu, judeu! Da última vez em que estive aqui, seu olival parecia menos vistoso. Aliás, nunca vi oliveiras mais carregadas como as que você tem aqui. Não há nada semelhante nessa Galileia poeirenta. Não que eu já tenha encontrado nas andanças por essa terra. É impressionante, judeu! Consigo ver daqui de cima os galhos cheios de frutos. Sua produção era menor, não é mesmo? Mas agora essa fazenda já não é a mesma.

O oficial desceu do cavalo, segurou as rédeas e andou um pouco pelo lugar.

—Aquele campo ali ao lado também é seu?

—Sim, é meu — respondeu meu pai.

—Ah! Muito bem, judeu. Você já tem até mais um lote produzindo — ele parou, enxugou a testa com um lenço e continuou — Gostaríamos de contar com sua hospitalidade. Estamos cansados e com sede.

Antes que ele dissesse algo mais, meu pai o interpelou:

—Temos água fresca na gruta. Venham comigo. Vocês podem encher os odres e dar água aos animais — disse papai, apontando para a gruta, com pressa de terminar aquela visita indigesta o mais rápido possível. Ele fez um sinal para dois servos, que foram até a gruta e prepararam vasilhas para os cavalos. O comandante da tropa puxou as rédeas do cavalo e seguiu em direção à gruta. Os demais soldados apearam e o seguiram.

Meu pai se adiantou mais uma vez a qualquer manifestação.

—Nós temos muito trabalho a fazer, assim como vocês devem ter. Então, peço que peguem a água e sigam para seus afazeres em paz e nós desejamos continuar os nossos aqui também em paz.

O comandante não se acanhou, respondendo lentamente.

—Sim. Faremos isso, judeu — desdenhou o comandante, voltando a esboçar o sorriso meia boca. — Assim que eu decidir. Antes, o publicano deixará registrado que o seu imposto aumentou, conforme o que vimos aqui.

Meu pai manteve o cenho franzido o tempo inteiro, mas não falou nada, conseguiu se conter. Os músculos de sua face estavam tensos. Sua mandíbula fortemente cerrada forçou seus dentes a fazerem um barulho ao ranger. Suas feições transmitiam todo o desagrado por aquela indesejável presença em suas terras. O grupo finalmente se dirigiu para a gruta. Um dos soldados foi olhando tudo à sua volta, esticando o pescoço.

—A gruta é para lá, soldado, para lá — meu pai apontou, com aspereza.

Por um breve momento as atenções se voltaram para ele. Uma das crianças, filha de um casal de empregados, cochichou:

—Ele tem um olho só!

Bastou esse aparente murmúrio para que todos ouvissem e olhassem ao mesmo tempo para aquele homem. As crianças estavam divididas entre o espanto e a fascinação em ver pela primeira vez alguém usar um tapa-olho. Os adultos tentaram em vão disfarçar e, logo, as atenções se voltaram para aquele sujeito. Perceberam que estavam diante de uma visão incomum e assustadora. Aquele único olho restante guardava a capacidade de lançar um olhar asfixiado em trevas, que assombrava toda a sua fisionomia. Os músculos do seu corpo talvez fossem capazes de lhe garantir a vitória contra três homens ao mesmo tempo em uma luta. Parecia um anaquim dos tempos de Josué, quem sabe fosse até um parente de Golias, que gostava de olhar as pessoas de cima para baixo. Não era a primeira vez que aquele soldado estivera ali.

Apressando a partida do grupo, meu pai pegou um bornal cheio de moedas, que carregava amarrado ao cinto sob a túnica, e entregou ao publicano. Estava preparado para pagar o que havia sido combinado. Sabia que o publicano poderia aparecer para lhe cobrar a qualquer momento. Se havia algo que meu pai fazia antes de qualquer coisa, era separar o azeite das primícias e os impostos para o governo. Embora detestasse pagar impostos aos romanos, ele não gostava de ficar devendo nada a ninguém.

—Como eu já disse, pelo tamanho de sua produção você está pagando pouco. Publicano, conte as moedas. Tenho certeza de que falta dinheiro nessa mísera sacolinha — disse o comandante. Os soldados riram.

—Todo o imposto está aí, conforme o que foi combinado — meu pai contestou.

—Os termos mudaram, entendeu, judeu? Seu olival está maior e produzindo mais. Não reclame, isso é bom! Você vive sob a proteção de um império que está deixando você enriquecer. Vai pagar mais impostos porque você está mais rico. Pare de ser sovina, homem! — debochou o comandante. Mais uma vez os soldados riram. *Hienas risonhas.*

—Como você quer que nós deixemos suas cidades e estradas seguras? Soldados romanos têm se arriscado para manter a ordem nessa terra selvagem. Seja grato, acredite, é melhor para você — disse em tom levemente ameaçador.

Gratidão eu sentiria se acertasse aquele queixo falador, foi o que traduzi do rosto de meu pai, mas ele ponderou que não seria bom iniciar um combate. Era melhor deixar aquilo de lado. Ele sabia que essa ele não ganharia. Mesmo assim, arriscou uma última argumentação.

—Como vocês podem cobrar imposto sobre o que ainda não foi produzido e vendido? O olival do lote ao lado ainda é jovem demais, não está pronto, não houve colheita ainda. Como posso ser taxado pelo azeite que ainda nem produzi? Isso é justo, romano? São assim as leis romanas? São essas suas leis?

—Ah, sim. A apelação. Vocês são bons nisso. O seu povo sempre argumenta sobre leis. Vocês têm sua própria Lei, não é mesmo? Não gostam da lei romana. E também têm o seu Deus particular. Desprezam os deuses romanos.

Até esse momento o publicano havia se mantido em silêncio e fora daquela conversa detestável, porque tinha consciência sobre o que seus compatriotas sentiam a respeito de judeus que trabalhavam como cobradores de impostos a serviço de Roma. Estava ficando óbvio que a conversa se encaminhava para um fim inútil. O publicano interveio pela primeira vez:

—Senhor Oren, é seu costume levar parte de sua produção para ser vendida na Ágora, não é mesmo? — disse Levi.

—Sim — meu pai respondeu meio a contragosto àquele judeu desleal.

—Então, podemos voltar depois disso. Depois que o senhor vender sua mercadoria em Séforis, voltaremos para o senhor pagar o restante dos impostos.

A seu modo, o tal Levi encerrou aquela celeuma inútil. Virou-se e levou seu cavalo na direção da entrada da gruta. Eu quase podia ouvir os olhares judeus e romanos dardejando suas costas enquanto caminhava. Enfim, a tropa romana que o escoltava, também se moveu para a gruta.

—Talvez um pouco de vinho, para os soldados tirarem a poeira da boca, seja uma boa ideia. O vinho acalma os ânimos! É o néctar de Baco! — disse o caolho brutamontes, que não escondia ser inspirado pelo bafo entorpecedor de Baco, o deus a quem era devoto, sua fonte de inspiração.

As hienas uniformizadas riram novamente. Percebi que Yesher já havia identificado o petulante e dele não desgrudara o olho, um momento sequer, remoendo um pensamento odioso. Com os olhos fixos no caolho, a quem os outros soldados chamavam de Ciclope, vi as palavras saltarem com rispidez da boca do meu irmão.

—Não bebemos vinho enquanto trabalhamos.

O Ciclope parou e ambos trocaram olhares. O comandante se interpôs e deu ordem ao destacamento para entrar na gruta de uma vez. Bastava de enfrentamentos por ora.

Ao fim do breve descanso, sem vinho, mas com os odres cheios de água, a pequena tropa romana retomou a cavalgadura para seguir trotando pelas estradas da Galileia, escoltando o cobrador de impostos. A poeira foi baixando, até sumir da vista.

—Tudo o que é mais odiado caminha ali — disse minha mãe, olhando na direção da nébula que se afastava. A poeira abaixou e os ânimos também. Todos voltamos aos nossos afazeres.

—Vamos lá, minha gente! Não vamos deixar nada estragar nossa alegria. Temos azeite a produzir — disse meu pai, levantando a cabeça e pondo os pensamentos em ordem.

Aos poucos, o movimento recomeçou. Depois da intrusão, levantei-me escorada na bengala e pedi que minha mãe me levasse de carroça para casa. Minha perna estava ainda mais fraca, estava difícil andar mesmo com o apoio do cajado.

—Não vá, Haya. Fique aqui conosco. Toque seu saltério, por favor. Sua música sempre alegra nosso coração. Além do mais, sei o quanto você gosta de participar da produção do azeite. Sabe, você nos acostumou mal, minha filha. Fique, toque para nós — sorriu minha mãe. — Venha, vamos pegar seu saltério.

A contragosto, acabei concordando. Fui sentar-me perto do moinho. Meus dedos tangeram as cordas. Senti uma rigidez nas minhas juntas que não me ajudava a tirar um som suave e bonito. Não eram sons alegres. Tudo parecia lento. Ao ouvir o saltério, os trabalhadores começaram a cantarolar melodias em *boca chiusa*. A cantiga deles foi se combinando ao perfume do azeite, ao som das cordas, ao calor do ar, à cor do céu. O ritmo foi voltando. Era como se a música e o azeite ali produzidos se misturassem devagar e formassem um bálsamo derramado sobre a alma. Não sei se era o mesmo para os outros, mas era assim que eu me sentia.

Apenas Yesher ficou distante. Sua atitude evidenciava o contraste. Ele estava como a água no azeite.

—Nojentos! — disse Yesher assim que começou a descer a colina.

—Esqueça, Yesher. Eles não valem a pena. Faça esse bem a você mesmo — disse minha mãe que foi ao encontro dele. — Seu rosto mostra o que tem dentro do seu coração, meu filho. Não deixe que isso saia do seu rosto para a história. Interrompa o trajeto do mal antes que o pensamento se materialize em uma irreversível ação.

Meu irmão foi até o olival para recolher os materiais que ficaram para trás. Logo chegaria a noite, e ladrões poderiam se interessar em levar nossos equipamentos. O olival estava vazio. Os pobres que estiveram ali, deixaram o local, temendo os soldados. Em outro ponto do lagar, meu pai já havia organizado as botijas *Alef* para levar na próxima viagem a Jerusalém e começava a separar uma quantidade grande de azeite nas botijas de cerâmica comuns.

—Será o nosso presente de casamento. Nossos amigos estão esperando por isso.

Sim, o casamento! Eu quase havia me esquecido. Estava se aproximando a data da festa. Havíamos prometido levar como presente muitas botijas de azeite. Por isso, estávamos trabalhando mais do que o de costume. Para agilizar a produção, havíamos contratado mais trabalhadores. Muito em breve, a cidade ficaria cheia de convidados de toda aquela região. Muitas comidas, músicas, danças. Todos estavam esperando por essa festa com ansiedade.

4

Ágora em Séforis

*...e o Espírito de Deus o encheu de habilidade,
inteligência e conhecimento em todo artifício,
para elaborar desenhos e trabalhar em ouro, em prata,
em bronze, para lapidação de pedras de engaste,
para entalho de madeira e para todo tipo de trabalho
artesanal. Encheu-os de habilidade para fazer
toda obra de mestre, até a mais engenhosa,
e a do bordador em pano azul, em púrpura,
em carmesim e em linho fino, e a do tecelão,
sim, todo tipo de trabalho e a elaborar desenhos.*
(ÊXODO 35:31-33,35)

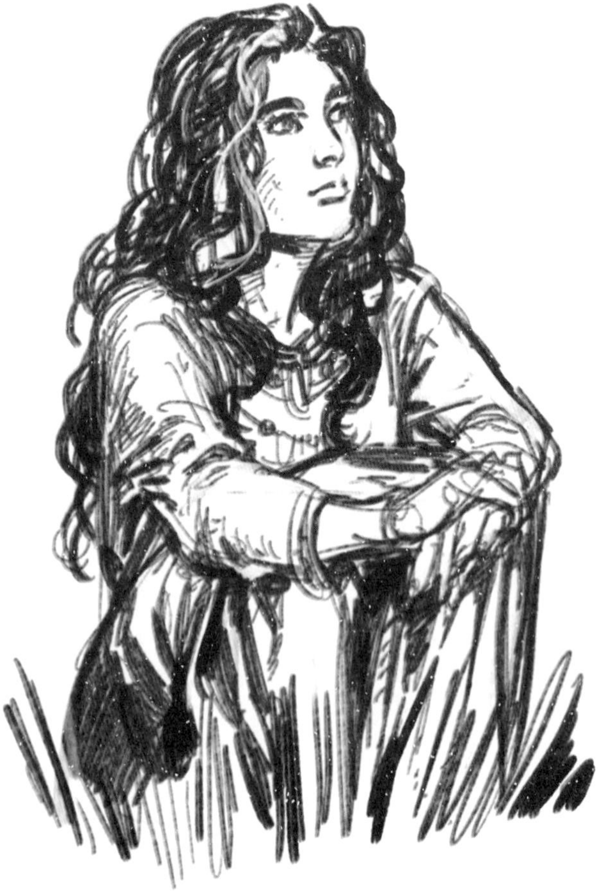

Os preparativos para nos juntar à pequena caravana de Caná que ia ao Mercado de Séforis estavam prontos. Era uma viagem curta, menos de dez quilômetros, mas mesmo em pequenas distâncias, como a que estávamos para percorrer, costumávamos viajar sempre em grupo; quanto maior a caravana, melhor. Antes da partida, os empregados foram alertados que não deixassem vazia a torre de vigia, para evitar surpresas feitas por ladrões na noite.

Durante a curta viagem, passamos por uma propriedade também produtora de azeite. Os trabalhadores estavam recolhendo as azeitonas de um jeito que fazia meus pais torcerem o nariz.

—Olha como eles machucam os frutos! — disse minha mãe.

—O melhor azeite está perdido — complementou meu pai, — a melhor parte acaba ficando na ponta das varas, de tanto que fustigam as oliveiras para derrubar as azeitonas.

—Não vai sobrar galho algum!

—Por mim está bom. Sem concorrência. Assim, o nosso azeite sempre será o melhor, e os nossos lucros aumentarão — disse meu pai rindo.

Ele nunca incluiu esse método em nossa fazenda. Desde criança havia aprendido com seus pais como tratar os frutos com delicadeza para receber deles o azeite mais fino e saboroso. E, quanto antes as olivas fossem prensadas, menos perderiam sua aparência. Era assim que o azeite de melhor qualidade era obtido, prensando as olivas bem frescas, logo que colhidas. Por esses motivos, o azeite produzido em nossa casa, ganhava boa fama, reconhecido como o melhor da região e procurado por gente de outros lugares.

Prosseguimos na viagem e antes do meio-dia chegamos à cidade conhecida como "Adorno da Galileia", chamada por alguns de Diocesareia. Nós a chamávamos de Séforis.

Desde que Herodes Antipas resolveu mudar-se para Tiberíades, Séforis havia deixado de ser a capital da Galileia, todavia continuava movimentada, mantendo-se viva nas principais rotas comerciais e cheia de novidades trazidas pelos mercadores de várias regiões. A Ágora de Séforis era onde os comerciantes levavam seus produtos para vender ou trocar em escambo. O agito daquele lugar me revigorava de alguma maneira. Via gente de todos os lugares. Os mercadores chegavam em caravanas carregadas e barulhentas, com jumentos e camelos babões e fedidos que às vezes ficavam blaterando teimosos, sem a mínima vontade de obedecer a seus donos.

Ali se vendia de tudo um pouco. Além dos galileus, era possível encontrar sírios, cipriotas e comerciantes de cidades da Ásia Menor, que vinham ao mercado para trazer os mais diversos produtos. Os mercadores armavam tendas ao longo da rua do mercado para expor seus produtos, no intuito de conquistar boas vendas. Era divertido assistir à competição entre os vendedores de animais. Um queria chamar mais atenção do que o outro. Gritavam fazendo propaganda de seus produtos, e os bichos urravam junto a eles. Os judeus locais vendiam cerâmicas com ornamentos que esboçavam desenhos geométricos ou florais, nada que fizesse lembrar a forma humana ou de animais, para não correr o risco de desobedecer ao primeiro e ao segundo mandamentos da Lei de Moisés. Por vezes esses ornatos eram esculpidos na cerâmica, conferindo-lhe relevos. Alguns chegavam a ser pintados com pigmentos obtidos das diferentes tonalidades do ocre — amarelo, laranja, vermelho, marrom —, alguns detalhes em verde retirado de certas folhas maceradas, além do preto vindo do carvão.

De qualquer forma, era difícil concorrer com os mercadores que vinham do distante oriente, das regiões onde corriam os rios Tigre e Eufrates, oferecendo variedades enfeitadas e muito coloridas feitas não só de cerâmica, mas também de metal. Potes, copos, vasilhas, jarros e outros utensílios de vidro eram oferecidos por mercadores, que também eram mestres vidreiros egípcios e romanos, cuja técnica vinha se aprimorando há séculos, talvez milênios. Deles se ouviam as histórias de que os antigos navegadores fenícios descobriram que a areia da praia, derretida pelo calor das fogueiras, ficava vitrificada. Entretanto, como os egípcios reivindicavam para si a descoberta do vidro, a discussão trazia uma boa disputa comercial e a oferta de belos artefatos aos clientes. Era fascinante ver reunidos ali na Ágora, artesãos de diversas partes do mundo.

No meio dessa concorrência, estava a tenda da nossa família, e nós tínhamos a nossa estratégia diferenciada de vendas, que contava com a música que eu tocava no saltério. Eu me sentava em um banquinho na frente da nossa tenda tangendo as cordas para atrair a atenção dos possíveis compradores. Meu instrumento já me acompanhava há muito tempo. Foi um presente de meus pais, comprado quando estivemos em Jerusalém, levando azeite para vender durante o período de festas. Havia sido construído por um mestre de Belém, em formato que quase lembrava um triângulo e tinha um chifre na lateral para amplificar a sonoridade. Ele recomendou que se usasse cordas feitas de cordeiro — e de nenhum outro animal. Segundo ele, com essas cordas poderia se obter o som mais aveludado do instrumento.

—O rei Davi tocou suas canções em um *kinnor* muito parecido com este aqui, mas os chifres são invenção minha — disse o mestre de Belém.

Kinnor era o nome que alguns mestres usavam para se referir ao saltério e também à lira e à harpa. Alguns diziam que o formato do Lago de Genesaré era muito semelhante ao antigo *kinnor*, por isso ele recebeu também o nome de *Kinnereth*.

Quando meu pai notou que eu levava jeito para tocar o saltério, logo teve a ideia de inserir a música para atrair a atenção dos clientes que, ao pararem para ouvi-la, eram apresentados aos produtos que meus pais ofereciam. Era maravilhoso ver o público parando para me ouvir tocar, e eu correspondia como se estivesse me apresentando no palco do anfiteatro de Herodes, na Cesareia Marítima. Eu só parava de tocar para ajudar a fazer os cálculos de quanto o cliente devia. Sempre tínhamos tabuinhas de madeira e pedaços de carvão, nas quais eu fazia as anotações das vendas. Aos poucos fui me dando conta de quanto isso era extraordinário e causava admiração na maioria das pessoas, afinal não era usual que as mulheres soubessem ler, escrever e fazer contas.

À tarde, mamãe decretou uma folga. Acompanhadas de servos, saímos para ver as novidades expostas nas tendas dos novos mercadores chegados na praça, de onde emergia um vozerio cheio de vigor e eletricidade. Ficávamos encantadas com as joias, perfumes e artefatos exóticos de outros países. Os aromas encantadores enchiam aquela atmosfera do mercado. Estávamos circundados por fragrâncias diferentes das que nos acostumáramos em Caná. Perfumes amadeirados feitos com sândalo, terebinto, carvalho e zimbro. Vendedores anunciavam essências feitas com cálamo doce para se misturar ao azeite e fazer os bálsamos perfumados. Encontramos óleos aromáticos feitos com feixes de hissopo. Os mercadores diziam que era uma planta sagrada, um pequeno arbusto não tão fácil de se encontrar e, por isso mesmo, muito valorizado. Havia temperos como a hortelã, o cominho, o anis para ser bebido em infusão. Frutas *in natura* como romãs e outras desidratadas como as tâmaras, damascos e os figos, além de algumas castanhas como a da amendoeira, cujas flores anunciavam a primavera, e as das nozes eram muito apreciadas desde as terras de Israel até o Egito. Minha mãe aproveitava a oportunidade para comprar alguns desses temperos e não deixava de levar ervas aromáticas para os unguentos.

Enquanto passeávamos pelas tendas do mercado, um tumulto chamou nossa atenção. Uma grande caravana estava entrando na Ágora. Pelo alarido, era a caravana da Ásia Menor. Ficamos torcendo para que dessa vez Lídia, nossa parente da cidade de Filipos, estivesse nela. Lídia era uma bem-sucedida comerciante de tecidos tingidos com corantes caros. Sua especialidade era a púrpura, um dos corantes mais apreciados, em razão da dificuldade de sua obtenção. Era extraído do múrex, um caramujo do mar que tinha a capacidade de produzir um líquido amarelo que, ao ser exposto ao sol, fornecia a corante púrpura em tonalidades variadas. Há muito tempo não tínhamos notícias de Lídia, mas ela sabia que era nessa época do ano que costumávamos ir à Séforis vender azeite.

Chegamos mais perto, na esperança de encontrar Lídia entre aquelas pessoas e carroças cheias de mercadorias e foi com alegria que avistamos a parte do comboio onde estava Lídia. Ensaiei correr até ela, mas meu desejo foi freado pela incapacidade de minha perna. Minha mãe se enganchou no meu braço e acenou para nossa prima.

—Lídia! Lídia! — falou minha mãe em voz mais alta que o de costume.

Nossa prima se voltou para a voz que gritava seu nome.

—Naamah! Haya! — disse Lídia acenando e se aproximando de nós.

—*Shalom*, Lídia! Bem-vinda! — disse mamãe, abraçando-se a ela.

—*Shalom*, Naamah! Que bom ver vocês duas! *Shalom*, Haya! — disse Lídia ao vir ao nosso encontro e nos abraçar com carinho.

—*Shalom*, prima Lídia! Que bom que você chegou! Não víamos a hora de encontrá-la! — eu respondi.

—Olhe só a minha menina! Minha querida Haya, você está tão crescida! Cada dia mais linda! — Lídia abraçou-me com ternura.

Enquanto os servos começam a descarregar as carroças e erguer as tendas para abrigar o comboio de Lídia, meu pai e meu irmão chegaram. Lídia também os recebeu com alegria pelo afortunado encontro, principalmente em ver Yesher ter se tornado um homem. Todos ajudamos a puxar cordas e estender os panos, até que tudo ficasse pronto e pudéssemos entrar na tenda.

—Vamos tomar um chá e conversar — convidou Lídia.

—Agradeço, mas agora Yesher e eu voltaremos para nossa tenda. Os servos ficaram sozinhos com toda a responsabilidade. Lídia, você é nossa convidada especial para o *Shabat*.

Será uma honra recebê-la amanhã em nossa tenda para a confraternização — disse meu pai.

—Eu irei, sim, primo Oren. A honra e a felicidade serão minhas em comemorar com meus parentes.

Assim, meu pai e Yesher nos deixaram e a prima Lídia nos levou para dentro da tenda. Ela pediu a um servo que fizesse logo um fogareiro nos fundos do acampamento e esquentasse água para o chá. As nossas servas seguiram as servas de Lídia para ajudá-las. Minha mãe e eu estávamos admiradas em ver a quantidade de tecidos cuidadosamente dobrados e organizados, envoltos em panos, protegidos da poeira e esperando por compradores.

—Seus tecidos são lindos! — disse minha mãe.

—Ah, que bom que você gostou!

Lídia acenou para a serva a ajudar a trazer os tecidos guardados junto aos seus pertences pessoais e nos entregou os presentes envoltos em lenços e fitas. Eram lindos mantos cor púrpura, e sabíamos o valor do que tínhamos em mãos. Depois da pequena pausa ela continuou a falar:

—Porque eu tingi esses tecidos aqui para vocês.

—Que lindos! Maravilhosos! Muito obrigada! — eu disse à nossa prima, imaginando como ficaria bem-vestida para o casamento com aquela roupa fina.

—São maravilhosos realmente, Lídia! Quanta bondade! Não precisava se incomodar.

—Nós podemos ir ao casamento com esses mantos, mãe.

—Claro que iremos, não tenha dúvida, minha filha.

—Ah, vocês têm uma festa para ir, Naamah?

—Um casamento em Caná, Lídia. Será na próxima semana. A cidade toda foi convidada. Pelo jeito vão vir pessoas não apenas de Caná, mas de Nazaré e Séforis. Em um povoado pequeno como o nosso, todos são convidados.

—Só se comenta sobre isso em Caná. Estão todos se preparando — eu disse.

—Faz tanto tempo que não vou a uma boa festa.

—Então vamos conosco, prima Lídia.

—Sim, Lídia, venha conosco — disse minha mãe.

—Agradeço muito, Haya, Naamah, mas não poderei. Tenho que seguir com a caravana. Você sabe, nenhum comerciante se arrisca a viajar sozinho, nem mesmo em grupo pequeno. Há muitos salteadores nas estradas, esperando uma presa descuidada para a assaltar. Se eu perder a caravana, ficarei à mercê dos bandidos.

A serva voltou trazendo uma chaleira feita de vidro fundido sobre uma bandeja de madeira marchetada, e Lídia apontou para um lugar separado da tenda, onde almofadas recheadas com penas de aves e cobertas com capas de tecidos bordados haviam sido espalhadas em torno da toalha de linho estendida sobre os tapetes persa que forravam o chão. Antevendo minha dificuldade em lidar com as almofadas, a prima Lídia trouxe um banquinho para mim e o colocou ao seu lado. A atitude dela não me constrangeu, pelo contrário, percebi seu carinho.

—Por favor, vamos descansar aqui enquanto tomamos chá. Eu estava ansiosa esperando encontrar vocês aqui para passarmos algum tempo juntas.

Era tudo tão perfeito naquela tenda. Lídia serviu o chá e nos disse que o havia comprado de um mercador sírio na Ágora de Filipos. Ela parecia tão jovem para uma comerciante bem-sucedida. Era uma figura incomum, uma mulher rara, independente. Imagino quantas coisas já deveria ter passado e sofrido por ser assim.

—Obrigada, Lídia. Sua tenda é surpreendente — respondeu minha mãe. Enquanto elas iam se sentando e se aninhando sobre as almofadas, eu ocupava o banquinho e ia olhando para tudo naquela tenda, com deslumbramento diante dos objetos diferentes vindos de tantos lugares do mundo.

—Verdade, prima Lídia, você tem tantas coisas interessantes aqui! Olha essa chaleira, a bandeja, os tapetes, tudo! — eu disse.

—Eu aproveito as caravanas que chegam à Ágora de Filipos para trocar mercadorias e faço isso também nas poucas vezes em que posso viajar com a caravana. Os mercadores sempre trazem objetos interessantes de muitos lugares. Essa chaleira de vidro fundido é romana, a bandeja marchetada é do Egito, as almofadas e tapetes comprei de um mercador persa. Mas as lamparinas são sempre de mercadores judeus, são as que eu mais gosto, simples e eficientes. Não esquentam tanto quanto as de metal.

A conversa correu solta entre nós. Lídia contava as novidades sobre a Ásia Menor, como as viagens tinham melhorado muito depois que as estradas foram construídas pelos romanos. Na opinião dela, essa parecia ser a única coisa boa que eles sabiam fazer nas regiões que dominavam. Eles faziam a propaganda do império que trazia evolução para os povos onde eles estavam, fosse no comércio ou facilitando os deslocamentos e viagens com as estradas, mas era óbvio que tudo era feito para o seu próprio benefício. Muitas das antigas vias e trilhas rudimentares por onde os peregrinos caminhavam, acabavam recebendo benfeitorias e até pavimentação, para que as tropas pudessem se locomover com agilidade e levar numerosa quantidade de produtos que tomavam das províncias para o consumo insaciável de Roma. Maior capricho e estruturação se via nas obras quando alguma autoridade do Império iria viajar para determinados lugares dos seus domínios. Os engenheiros e os operários iam na frente e aplainavam as estradas com primor ainda mais elevado. Mas isso tudo eram coisas que seriam melhor deixarmos de lado. Havia assuntos melhores para conversar e foi exatamente o que fizemos.

Aqueles poucos dias que ali passamos foram inesquecíveis. Não era habitual nos encontrarmos com a prima Lídia, mas sempre que acontecia, era especial. Eu me deliciava em ouvir as histórias e novidades que ela contava de um lugar tão distante da Galileia, que me parecia ser um mundo existente apenas na minha imaginação.

Passamos o *Shabat* juntos. Do pôr do sol de sexta-feira ao pôr do sol de sábado comemorávamos um tempo de descanso e renovação espiritual. *Yahweh*, o Criador, trabalhou seis dias e no sétimo descansou e nos instruiu a assim também proceder. Desde que eu tenho lembrança, nenhuma semana da minha vida passou sem celebrarmos o *Shabat*. Além do descanso, era um tempo de deleite e confraternização. Nossas casas e tendas ficavam bem arrumadas, confortáveis, iluminadas com o azeite queimando nas lamparinas e com fartura de comidas, tudo planejado para estar pronto antes do pôr do sol de sexta-feira, porque até o nascer do sol de domingo, nenhum trabalho seria feito. Sempre havia pão e vinho nas refeições à mesa dos hebreus, desde que Melquisedeque, sacerdote do Altíssimo, oferecera a Abraão esses alimentos.

O pão era partido, não cortado, depois molhado no azeite. Os pedaços de pão serviam para pegarmos os alimentos das vasilhas cerâmicas.

Costumávamos ter também um cozido de feijões ou lentilhas e pasta de grão de bico. Aprendi com meu pai a gostar dos muries de Magdala feitos com peixe salgado e desidratado. Não eram todas as pessoas que gostavam desse prato, porque diziam que o cheiro não era lá muito agradável. Acho que era por isso, que desde cedo, minha mãe fazia questão de cozinhar usando muitos temperos para deixar o ambiente perfumado com os aromas de hortelã, cominho e também de canela, especiarias que minha mãe havia comprado dos mercadores. As tâmaras e os damascos também contribuíam para perfumar o ar.

Eu estava vivenciando um raro momento cheio de novidades. A presença da prima Lídia e esse *Shabat* comemorado longe de casa, em uma tenda no mercado de Séforis, já se tornara de longe a melhor festa da minha vida.

A não ser pelas viagens que fazíamos para vender azeite e pelas peregrinações anuais a Jerusalém, no período da Páscoa, a nossa *Pessah*, e vez por outra nas festas de Pentecostes e Tabernáculos, que chamávamos de *Sukot* e *Shavuot*, pouca coisa mudava em nosso cotidiano. Tínhamos nossa vida em torno do olival, do lagar e da nossa casa. Era sempre uma repetição de nasceres e pores de sol com os quais estávamos habituados.

5

O casamento em Caná

*Três dias depois, houve um casamento
em Caná da Galileia, e a mãe de Jesus estava ali.
Jesus também foi convidado,
com os seus discípulos, para o casamento.*
(JOÃO 2:1-2)

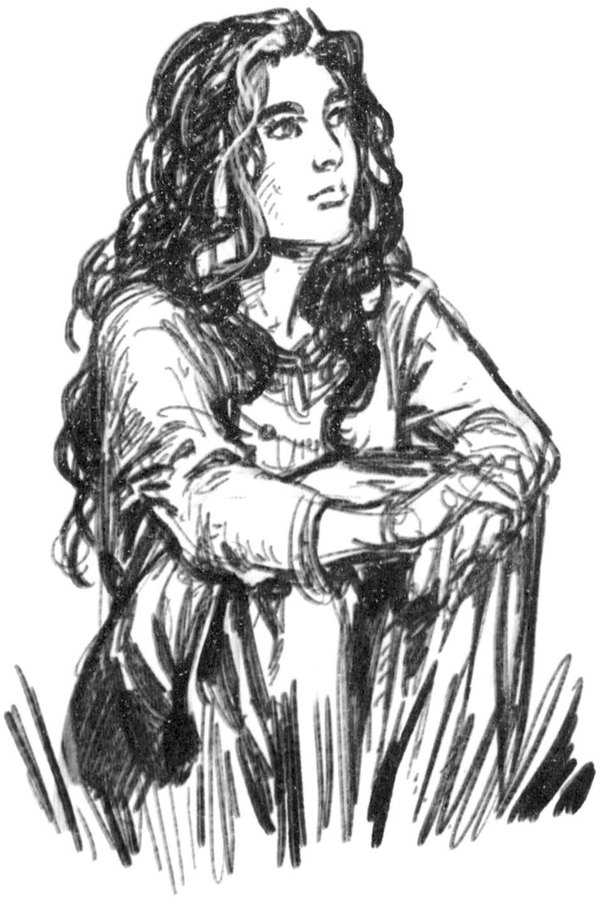

Os aromas das especiarias se espalhavam pelo ar envolto em animadas cantigas, flutuando juntos pela estrada, nas multicores do ocaso que pintava o horizonte montanhoso em Caná. Delícias mediterrâneas eram servidas com o vinho da região. Tudo havia sido cuidadosamente preparado para a festa. Convidados não apenas de Caná, mas de Nazaré e Séforis, não paravam de chegar para as bodas, acomodando-se em suas tendas espalhadas em torno da tenda principal da cerimônia, erguida para receber os noivos e seus convidados durante o evento. Todos vinham trazendo conversas e risadas junto com a bagagem, compondo assim o cenário de festa e alegria.

Desde o primeiro dia da semana, depois do *Shabat* foi assim, o que fazia o pequeno vilarejo de Caná parecer uma metrópole. Ao chegarem à humilde cidade, era possível ver muitos dos convidados com pés e roupas cobertos com a poeira amarelada da nossa terra. Alguns peregrinavam a pé com os familiares, levando tendas, pequena bagagem e os presentes; outros podiam carregar tudo no lombo dos jumentos ou até em carroças. Boa parte dos presentes eram dados para colaborar com a festa, oferecendo aos noivos verduras, legumes, frutas secas ou em pasta, produzidas em suas propriedades e colhidas com carinho para a celebração.

Os pais do noivo ofereciam a parte mais nobre do banquete, que sempre eram as carnes de animais cevados, aves e peixes, conforme a Lei dos judeus permitia. Seriam assados durante as comemorações, que se estenderia por vários dias, dependendo da animação dos convivas e de quanto durassem os manjares. Não era incomum alguns festejos durarem até uma semana. Nossa família ofertou aos noivos várias botijas cheias do precioso azeite que havíamos produzido há poucos dias em nosso lagar, como presente de casamento.

A festa já começava com a chegada do primeiro convidado. Ninguém queria perder nada, sequer um momento. Os músicos estavam tocando com plena força, os fogareiros envoltos por pedras para os assados estavam prontos, havia lenha suficiente para abastecer muitos dias de fogueira. Na barraca das comidas tudo estava sendo organizado, à medida que os convidados traziam suas ofertas, de maneira que as refeições fossem bem distribuídas para saciar muitos dias de festejo. Minha mãe e as outras mulheres estavam ajudando, com toda a sua experiência, a deixar os alimentos em ordem.

Próxima à tenda dos alimentos ficava uma outra barraca importante onde estavam armazenadas as bebidas. Vinho e água eram estocados em grandes quantidades, conforme chegavam com os convidados.

Era tanta coisa acontecendo e tanta gente para todo o lado que parecia um festival como o do *Purim*, festa que nós comemorávamos um mês antes da Páscoa, lembrando do livramento que *Yahweh* dera ao nosso povo contra a armadilha furiosa de Hamã, o amalequita, elevado à posição de primeiro-ministro do rei Assuero. *Yahweh* poupou nosso povo, dando à Mordecai inteligência para criar um estratagema junto com a rainha Ester, para que Hamã fosse desmascarado e seu plano de aniquilar os judeus sucumbisse. Nosso povo tinha muitas histórias. Passamos por muitas perseguições e guerras. Mas a cada vitória surgia um motivo de festejar e agradecer a *Yahweh*.

No cair daquela tarde, o momento mais aguardado havia chegado. A jovem noiva, na beleza radiante de seus 15 anos, viera à porta de sua casa lindamente vestida com uma túnica feita de tecidos finos e coberta com muitas joias. O lenço fino contornado por bordados delicados repousava sobre a cabeça e os ombros. O véu a cercava de mistério diáfano, que deixava tão somente entrever sob o manto a pele trigueira de seu rosto afilado de mulher e o movimento curioso de seus olhos amendoados de menina, como se ela nada quisesse perder da festa em sua homenagem e de seu noivo, com quem compartilharia os dias de sua vida. Apenas quando chegassem à tenda das núpcias o véu seria removido pelo noivo e o mistério seria desvelado. O grupo de amigos a aguardava para levá-la dentro da liteira toda enfeitada. Partiram em direção ao cortejo que levaria o noivo e que saia da casa dos pais dele. Os cortejos eram acompanhados por dois grupos de músicos com lira, flauta e tamboril. Eu gostaria de estar entre eles tocando o meu saltério, mas era impossível tocar o instrumento e caminhar ao mesmo tempo. Precisava me apoiar no cajado. Então, eu cantava junto com o coro. Na mão direita, eu levava meu cajado, na esquerda, a lamparina. Nas cerimônias nupciais, as jovens costumavam segurar lamparinas acesas durante esse cortejo dos noivos, como um símbolo da presença da luz na jornada que iniciariam como casal. Para isso, elas deveriam ter o cuidado de mantê-las cheias de azeite, suficiente para toda a jornada. Era nessa parte que todas se lembravam de mim. Claro, como produtora de azeite, eu acabava sendo procurada para fornecer o óleo combustível para as lamparinas das jovens, que se preparavam antes da cerimônia. Vez por outra, uma das meninas mais jovens chegava com uma lamparina tão pequena, que não iluminaria nem metade da jornada. Então, tínhamos que providenciar uma lamparina maior, em que coubesse mais azeite e, assim, não lhes faltasse a luz para o caminho.

Além da luz das lamparinas, o trajeto dos noivos era enfeitado com sementes e flores jogadas para o alto, formando um tapete onde os noivos passariam. Iluminação, fertilidade e felicidade estavam representadas naqueles símbolos que enfeitavam o caminho para a nova vida do casal. Ambos os conjuntos seguiam entoando canções compostas a partir da poesia do livro de Cantares de Salomão. À medida que os dois grupos se aproximavam um do outro, faziam o canto responsivo: um grupo cantava um verso ou uma estrofe e o outro cantava outro trecho em resposta. Em determinado ponto do caminho, os dois cortejos se encontraram, uniram-se e passaram a percorrer um único caminho. Também as cantigas dos dois grupos se fizeram uma só, irrompendo em um uníssono nas vozes e na alegria. Os noivos, lado a lado, agora trilhavam juntos seu novo caminho, sendo carregados em suas liteiras, pelos amigos e familiares.

Quando chegamos à tenda principal da festa com o cortejo trazendo os noivos, minha família se aproximou e ficou junto de mim, juntando-se à comitiva. Enquanto os noivos eram baixados e saíam das liteiras, meu pai me entregou o saltério para que eu pudesse me juntar aos músicos e tocar com eles. Essa era minha alegria, pois a dança não era o meu forte. Não mais. Não com aquela perna coxa, frouxa, bamba. Lembro-me de antes, o quanto eu gostava de dançar. Recordo-me que fazíamos uma roda com as outras crianças, segurando nos braços umas das outras, e girávamos juntas, dançando e cantando, todos tentando acertar os mesmos passos. Imitávamos os adultos. As mulheres dançavam no seu grupo separado dos homens. Depois, eu fui aprendendo a despistar o sentimento de inutilidade tocando o meu saltério. Pelo menos era o que eu pensava no começo do meu dedilhado no instrumento, sobre o qual passei muitas horas da minha vida. Mas depois, a música ganhou outra importância. Vi que era algo que eu gostava muito e me fazia bem.

 A luz dos archotes fincados no chão iluminava a tenda dos noivos no centro da reunião. O cortejo foi recebido com efusivos aplausos e gritos de felicitações pelos convivas cujos rostos iluminados pela fogueira e tochas demonstravam felicidade. Danças e canções enchiam o terrado rodeado pelas tendas. Ali, diante de toda a comunidade, aqueles jovens noivos realizaram seus votos de fidelidade e amor. Mulheres choravam, homens esboçavam um discreto sorriso no risco dos lábios. Havia até um sacerdote para conduzir a cerimônia, e, assim que os votos matrimoniais foram concluídos, o sacerdote pronunciou uma bênção ao novo casal, e todos os convidados irromperam em alegria. A avó do noivo, mulher animada, começou a bater palmas e deu o ritmo da música, que nós começamos em seguida a tocar. Os convidados acompanharam as palmas, e a dança recomeçou embalada pelas cadências alegres que soavam de nossos instrumentos. Os noivos dançaram um pouco mais com os convidados e se retiraram para a câmara nupcial na tenda deles, toda enfeitada com flores e perfumes para recebê-los. Aqui fora, a festa continuou para os convidados com as danças, as músicas e as comidas.

 No dia seguinte, as comemorações continuaram, com expectativas para o momento em que o noivo apresentaria a certidão da pureza de sua noiva, assinado nos lençóis das núpcias, prova documental e pública, que ficaria guardada com a família dela, para evitar qualquer calúnia contra sua pureza. Era nessa parte que eu sumia de cena. *Que costume ridículo! Pobre noiva. Tem que ser exposta, sem privacidade. Um constrangimento a todas as mulheres na sua intimidade. Uma ofensa e um insulto. Por quê? Não acredito que as mulheres gostem disso.*

Fiquei na cozinha, o melhor local da festa, onde as comidas eram preparadas pelas mulheres e suas servas. Ali eu podia ouvir não só as músicas, mas também as conversas do mulherio. Esse passou a ser meu segundo lugar preferido — depois da companhia dos músicos —, mesmo porque eu não podia dançar.

À noite, quando a música e as danças recomeçaram, meu pai, Yesher e minha mãe, vieram me buscar para dançar. *O quê? Como?*, pensei. Eles fizeram uma cadeira com seus braços e me levaram para dançar. No começo, senti-me mal com aquilo, achei que passaria vergonha sob os olhares dos outros convidados. Talvez me olhassem como a coitadinha e pensassem: "Ah, que pena, o que foi lhe acontecer!". Isso era tudo o que eu não queria. Porém, também não desejava entristecer meu pai e Yesher. Sei que eles estavam tentando me fazer feliz. Começamos a dançar — na verdade, eu estava apenas pendurada neles, enquanto eles dançavam — e, surpresa! Logo alguns convidados fizeram uma roda e dançaram em nosso redor, todos muito felizes, querendo compartilhar sua felicidade comigo também. Minha mãe estava na roda dançando também. Não esquecerei desse momento.

Depois da dança, voltamos alegres para a cozinha. Junto conosco veio uma mulher gentil chamada Maria. Nesta época ela seria uma mulher de cerca de 45 anos, conhecida de minha mãe. Ela veio com o grupo de Nazaré. Há pouco ela estava dançando ao nosso lado e, alegre, batia palmas no ritmo das canções. Ela parecia feliz com a música e à vontade no grupo das mulheres. Seus trajes eram simples, fiquei até um pouco constrangida por estar usando o manto púrpura tão fino, com o qual a prima Lídia havia nos presenteado. Ainda que ela não usasse um manto caro, eu podia ver que Maria mantinha um porte distinto. Eram suas maneiras e expressões que traziam valor aos seus trajes, não o contrário. Ela era nobre independentemente do que vestia. Mostrava a segurança de quem sabia de alguma coisa importante, que ninguém mais ali sabia. Sua companhia era agradável. Ficamos conversando por um bom tempo até que uma serva se aproximou com a notícia de que precisavam de mais azeite na cozinha. Minha mãe se sentia responsável por essa parte, e fomos juntas providenciar uma nova quantidade do nosso melhor azeite.

—Os convidados estão famintos! — disse Maria andando junto conosco, para nos ajudar.

—Eles sempre estão — respondeu minha mãe, dando risada.

Na tenda logo ao lado, estavam guardadas muitas botijas com azeite e ânforas com vinho. Elas se dirigiram ao padrinho, que havia acabado de pegar um pedacinho de peixe direto da fogueira e voltava para a tenda, lambendo os dedos. Ele era o responsável, escolhido pela família do noivo, para organizar a festa, distribuindo bebidas e comidas para que nada faltasse.

—Estamos precisando de mais azeite na cozinha. Não queremos pegar sem sua autorização — disse minha mãe.

—Ah, muito bem, senhora Naamah — disse o padrinho, entrando na tenda e falando aos homens que o ajudavam.

—Tomem, levem essas botijas para a cozinha. Depois, levem jarras de vinho para os convidados. Que não nos falte o vinho!

O padrinho era um rapaz risonho e falava efusivamente. Seus dentes já estavam tingidos pela cor da bebida alegre sob sua responsabilidade.

—Vou pedir que sirvam botijas de vinho a seu grupo, senhoras. Muito obrigado por me ajudarem — completou o sorridente padrinho.

—Nós agradecemos por seu trabalho nesta festa — respondeu minha mãe.

Estávamos saindo de volta à cozinha quando chegou um grupo de ajudantes para falar com o paraninfo. Agitados, eles avisaram que os convidados estavam pedindo mais vinho.

—Pois então sirvam-lhes, vinho, meu rapaz!

—Senhor, não estamos encontrando. Onde foi guardado?

—Ora, está aqui na tenda. Podem pegar e servir.

—Não há mais vinho na tenda, meu senhor.

—Diga onde há mais vinho para servirmos às mesas, porque não conseguimos achar — disse outro servo.

—Está tudo na tenda, o vinho tem que estar aqui. Deve estar misturado com as botijas de azeite. Vamos ver.

Ao entrarem na tenda, um discreto alvoroço tomou conta do lugar. Segundo os nossos costumes, aquilo seria uma desonra para a família. Não havia mais vinho, e os convidados iriam embora, a festa acabaria mais cedo do que o esperado. Era uma tragédia. A festa acabaria. O paraninfo não sabia o que fazer. Do outro lado, a música tocava, e os convidados dançavam sem saber de nada.

A situação embaraçosa foi percebida pelo grupo das mulheres que estava na cozinha. Desesperado, o padrinho saiu da tenda para procurar em outros lugares. Ao perceber o embaraço do padrinho, Maria deixou nossa tenda. *Será que ela sabe onde está o vinho?* Curiosa, fui até a porta da tenda e a segui com os olhos. Vi que ela fora para junto de seu grupo. Maria trocou algumas palavras com um homem com quem parecia ter intimidade. Era muito novo para ser seu marido, mas o achei muito velho para ser seu filho, se bem que as mulheres costumavam ter filho muito cedo, porque se casavam muito cedo, como a jovem que estava se casando hoje. *Ela era uma menina! Quantos anos ela tinha mesmo? Acho que dezesseis ou dezessete. Era a minha idade, mas eu não era candidata a casamento algum. Uma mulher manca não despertaria interesse.* Não sei o que Maria disse, mas o homem veio caminhando para a tenda do vinho. Atrás dele vieram sua mãe e o grupo com quem ele estava. Tratei de entrar logo na tenda para ver o que ia acontecer. Em um instante o lugar estava repleto de gente. Maria se aproximou dos servos, que naquela altura dos acontecimentos já estavam atormentados, pensando em pedir ajuda ao paraninfo para achar algum lugar que lhes vendesse mais vinho.

—Façam tudo o que ele disser — disse Maria de Nazaré.

Minha mãe veio ficar ao meu lado e me disse:

—É o filho dela.

O homem tinha uma fisionomia que não me era estranha. Eu não disse nada, porque queria ver o que ia acontecer. Ele se dirigiu para onde estavam seis grandes potes talhados em pedra, os mesmos usados nos rituais religiosos de purificação com água.

—Encham esses potes com água — disse ele.

Ora, se era para dar essa solução, eu mesma poderia ter feito isso. Oferecer água aos convidados, é só isso que ele vai fazer? E eu pensando que o homem era um produtor de vinho, alguém que tivesse grandes parreirais e grandes estoques da bebida e que mandaria seus servos trazerem muitos jarros. Sem saber se haviam entendido direito, os servos ouviram Maria repetir que eles fizessem o que ele estava dizendo e foram encher os potes. Olhando assim por alto, talvez coubessem uns cem litros de água em cada talha daquelas. Como cada família costumava ter uma talha, as outras cinco deviam ter sido trazidas ali por amigos, para ajudar na organização da festa.

O que ele está pretendendo com isso? Eu queria entender o que estava acontecendo ali, então, flutuando nos rios de minha curiosidade, cheguei bem perto para ver. Outras mulheres vieram também e, de repente, o lugar estava repleto. Assim que os servos encheram os seis potes com água, o homem falou:

—Agora tirem um pouco em uma jarra menor e levem ao paraninfo — disse ele.

Os servos não entenderam nada, titubearam. Aliás, ninguém entendeu nada. E eu muito menos. Antes que Maria tivesse que dizer a mesma frase de novo, os ajudantes colheram o líquido de uma das grandes talhas em uma jarra.

—Não é possível! — disse o servo com a jarra na mão.
—Tragam um copo.

Mais servos se aproximaram e olharam espantados para dentro das talhas. O servo derramou o líquido dentro do copo e bebeu.

—É vinho!

O quê? O que estão dizendo? No minuto seguinte a tenda se impregnou do aroma frutado de uva. As mulheres se aproximaram das talhas para ver. Elas comentavam que, sim, era vinho o que retiraram das talhas. Não era mais água. O que acontecera aqui? Dessa vez Maria nem precisou gesticular, porque os ajudantes, atônitos, saíram com aquela jarra e foram procurar o padrinho. Mal conseguiam falar.

Eu também me aproximei de uma talha de pedra para cheirar o conteúdo. *Isso não é possível!* Peguei um copo e provei. "Vinho… como ele fez isso?" Pela abertura da entrada da tenda vi quando o padrinho, que voltava de sua busca infrutífera, foi abordado pelos servos, que encheram um copo e lhe entregaram. Assim que provou o vinho, ainda alheio a toda a situação que acabara de acontecer, ele ficou maravilhado.

—Na maioria das festas em que eu já fui, vi que oferecem o melhor vinho no início para impressionar. Mas aqui o melhor vinho foi guardado para ser servido no final — disse o padrinho. —Vou agradecer ao noivo pelo excelente vinho — disse o padrinho, e saiu para falar com o noivo.

Não sei se os servos tiveram chance de lhe dizer o que ocorrera. Só o vi virar-se e deixar os servos com a jarra na mão.

O padrinho me pareceu um completo desatento aparvalhado. Não estava entendendo o que acabara de acontecer. Bem, na verdade, nem eu. Fiquei completamente aturdida. A tenda se transformou em um burburinho agitado de gente querendo provar daquele vinho novo. *O que era aquilo, afinal?* Procurei o homem que transformara a água em vinho. *Onde ele está?* Ele e seu grupo já haviam deixado a tenda. Com a minha falta de agilidade, fui desviando das pessoas devagar para chegar à porta da tenda. Não os vi mais. *Quem é ele?*

A notícia se espalhara com a mesma rapidez que o vinho ia sendo servido aos convivas. O sacerdote e o fariseu devoto não esboçavam reação, apenas aparentavam desconfiança. Mesmo assim, como as demais pessoas ali presentes, eles também quiseram provar daquela bebida. A pergunta que todos se faziam, era: Quem era aquele homem?

6

Tekton

*A pedra que os construtores rejeitaram,
essa veio a ser a pedra angular.*
(SALMO 118:22)

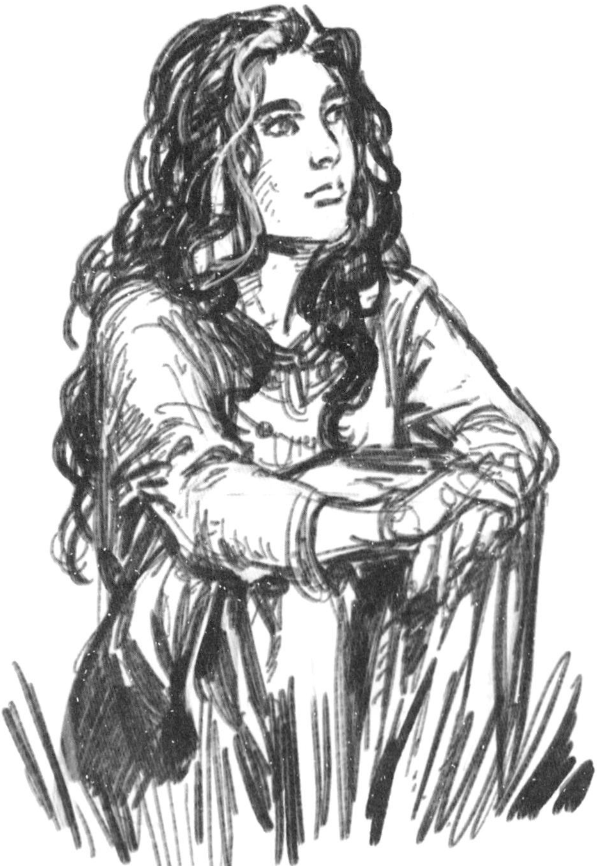

Já havia se passado algum tempo desde a festa de casamento. Eu estava de volta ao olival com a minha família, e Caná retornara à sua rotina. Cada um se dedicava a seus afazeres, porém o que acontecera naquela celebração não deixou de ser o assunto principal nas conversas, mesmo ali em nosso olival. "Aquele rapaz não é o filho de José?", "Ele não é o *tekton* de Nazaré?". Ninguém falava em outra coisa. Em todos os cantos da cidade só se ouvia sobre esse construtor que transformara a água em vinho nas bodas.

Minha mente estava acelerada e muitos pensamentos vinham me encontrar enquanto eu trabalhava. "Seria ele um profeta?" Era o que todos queriam saber. Esse não era um acontecimento corriqueiro que se pudesse ver todo dia, logo as conversas se espalharam, não apenas nas nossas cidades em torno de Séforis, mas foram alcançando lugares mais distantes na Galileia.

Quem é ele? Era a pergunta que não me saía da cabeça. Eu ouvia todos se referindo ao homem de Nazaré pela sua profissão: *tekton* — um construtor, um artífice hábil em usar a madeira, a pedra e o metal em seu ofício de construir edifícios, móveis e até lagares —, como se já de início o estivessem desmerecendo sob qualquer aspecto de autoridade, porque ser um *tekton* não significava grande coisa nos nossos dias. Para os romanos, menos ainda, era apenas mão de obra barata. No entanto, aquele homem humilde havia realizado algo especial durante o casamento. Como isso podia ter acontecido? O que aquilo significava? Um empreiteiro e ainda de Nazaré, o que teria a oferecer? Nazaré, um vilarejo pobre, que mal tinha uma sinagoga, poderia ter gerado um profeta? Todas essas questões me confundiam a mente. Ao me lembrar de suas feições, ele não me pareceu um charlatão, um mágico ou um enganador, como esses sujeitos que apareciam de vez em quando, se autodenominando o Messias. Ele parecia diferente. Tinha algo nele que eu não conseguia explicar. Ele tinha autoridade, mas ao mesmo tempo doçura. Não sei como esse nazareno fez aquilo, nem quem ele é, mas estou disposta a descobrir.

Muitos sinais já haviam acontecido no nosso passado. Quantas vezes eu ouvia as conversas dos anciãos dizendo que tínhamos um histórico marcante de prodígios e acontecimentos miraculosos realizados por *Yahweh*, o único Deus dos judeus, e esses fatos não eram desconhecidos das outras nações que viviam ao nosso redor. O Senhor Deus se revelou e falou aos nossos antepassados por intermédio de profetas de muitas maneiras, e muitos milagres haviam sido feitos em Seu nome. *Yahweh* prometera que nosso povo veria o Messias, o Salvador, o Ungido de Deus, o Cristo profetizado. Por muito tempo nosso povo tem esperado esse Messias, aquele que nos libertaria da escravidão e do jugo opressor dos dominadores, finalmente unindo nossa nação. Mantínhamos os olhos abertos a sinais que pudessem revelar a chegada do nosso Salvador tão falado pelos profetas que viveram antes de nós, nossos ancestrais.

Essas histórias foram contadas e recontadas de pai para filho por gerações e registradas nas Escrituras Sagradas, relidas nas sinagogas através dos séculos, debatidas em conversas durante o *Shabat*. Nós mantínhamos viva a esperança, porém nossa fé estava opaca e sem viço. Com o passar dos anos, entre o povo crescia a sensação de que tudo havia ficado lá no passado. Já fazia muito tempo que não se ouvia a voz de Deus, não havia profeta com a autoridade como Moisés e Elias, tanto no discurso, quanto no procedimento. Ninguém para trazer uma mensagem que reaquecia o coração. Nossos antepassados vivenciaram experiências sobre as quais ouvíamos, mas pareciam distantes de nós e do nosso dia a dia. Contadas e recontadas às gerações que se sucederam. Porém o que se via agora em nada se parecia com a história que aprendíamos desde crianças. Nenhuma palavra nos foi enviada, não havia mais nenhum profeta que nos trouxesse um recado que nos tocasse. De fato, o que ouvíamos era apenas silêncio. Um grande nada que foi transformando muitos em meros religiosos, criadores de leis sobre a Lei, determinando lícitos e ilícitos, o que se poderia ou não fazer.

Olhando para trás, percebo que nos tornamos religiosos legalistas. Acostumamo-nos a exageros, que nos levaram a preconceitos. Tantos rituais nos fizeram ser santos na aparência, apenas por fora. Eram tantas liturgias, que se tornaram repetições vazias de sentido e sentimento. Pelo menos era assim que eu me sentia, vendo as pessoas buscarem respostas mais nos costumes da religião do que no próprio Deus. Os sacrifícios religiosos ganharam mais valor do que ser alguém que agrada a Deus, agindo com verdade e exercendo a bondade, o amor e a misericórdia.

Enquanto eu pensava em tudo isso, continuávamos trabalhando no olival. Estava muito quente, e, mesmo exaustos, não queríamos parar antes de concluir a tarefa de limpar as redes embaixo das árvores. Logo, ouvi minha mãe falar: "O profeta Oseias disse: Misericórdia quero e não holocaustos". Então, percebíamos o que ela queria dizer, quando a víamos chegando sorridente, trazendo botijas de água fresca e nos convidando a parar. Sentados à sombra das oliveiras para recobrar as forças, percebi que minha mãe se portava como profetiza naquelas horas. Era o que nos faltava como povo. Não tínhamos quem nos trouxesse água fresca em forma de palavras que saciavam a alma. Estávamos exaustos e sedentos.

Eu concordava com o que os meus pais diziam muitas vezes quando estávamos ao redor da mesa para a ceia: nos acostumamos tanto às práticas externas dos rituais religiosos, que nada mais víamos. Só conseguíamos enxergar o que era meramente visível. Foi assim que acabamos perdendo a capacidade de ver o invisível pela fé. Refiro-me a valorizar aqueles invisíveis presentes, dádivas que podem ser guardadas somente no coração, os verdadeiros dons de Deus. Sim, nossa fé se tornou opaca, embaçada e sem esse brilho. Sem esse "invisível" dentro do coração, restava-nos viver com as lembranças da luz. Sombrios, passamos a desprezar e odiar os gentios, os samaritanos e qualquer um que não seguisse o nosso padrão, credo, lei, nem se comportasse de acordo com nossos costumes religiosos. Sem perceber, fomos nos tornando repulsivos a tudo que não se encaixava na cegueira espiritual. Eu estava cansada de tudo aquilo. Só não sabia como me expressar. Tinha medo. Eu era apenas uma jovem mulher da Galileia. Que voz eu tinha? Então, guardava minhas opiniões escondidas no baú dos meus sentimentos, onde também mantinha as perguntas sobre a minha perna aleijada.

Dessa fé opaca veio sobre nós a impressão de que *Yahweh* se calara e já não se importava com Seu povo. Os saduceus, líderes do Sinédrio em Jerusalém, contribuíam com esse sentimento de abandono divino ao ensinar que *Yahweh* havia criado o mundo, transmitido Suas leis e elas eram suficientes para que todos vivessem conforme essas orientações reveladas. Portanto, diziam eles, Deus não precisava mais falar nada. Essas deduções levaram as pessoas a duvidar de que Deus ainda se interessasse pela Sua criação, talvez nem se importasse mais com o cotidiano dos seres humanos. Mas eu não podia deixar de me perguntar: se Deus não se importasse mais conosco, por que Ele teria continuado a revelar tantas coisas aos profetas? Se Deus não ligasse mais para o ser humano, por que Ele teria prometido o Messias para nos libertar? Quando o Messias vier, as pessoas que pensam assim vão expulsá-lo sem dó.

Para os saduceus, os livros de Moisés continham toda a Lei que precisávamos, portanto, não tinham real apreço pelos livros dos Profetas. Além disso, não aceitavam que poderia haver ressurreição física, afinal não encontravam base para ela nos livros de Moisés. Não admitiam a existência de outros seres espirituais, logo, consideravam os anjos como meras expressões poéticas ou da imaginação. Era difícil compreender, sobretudo ao observarmos os saduceus, por vezes, distanciando-se de seu discurso e não demonstrando dificuldade alguma em se valer do suborno para manter o cargo de sumo sacerdote entre o seu próprio grupo, bem como a liderança do Sinédrio de Jerusalém. Corruptos? Bem, não era do que eles gostavam de ser chamados.

Voltamos ao trabalho e meus pensamentos continuaram. Não sei se foi por causa do sol na cabeça, mas tudo isso embaralhava o meu entendimento. Manter a fé iluminada e conviver com esses sentimentos era bem complicado. Era de se presumir que a desesperança e o cansaço religioso nos abatesse. "Onde estariam as promessas que *Yahweh* havia feito?", perguntávamo-nos. Um pequeno brilho de esperança surgiu há algumas décadas quando uma estrela brilhou intensamente nos céus. Minha mãe contou que parecia ser um sinal da parte de Deus. Essa estrela de brilho incomum chamou a atenção de estudiosos dos astros, que moravam nas longínquas regiões do Oriente. Dizem que seus cálculos os levaram ao sul da Judeia, até a cidade de Belém. Havia uma crença que dizia que o nascimento do Rei dos reis seria precedido por um sinal incomum no céu. Esses homens do oriente conheciam bem essa profecia entre seu povo e concluíram que aquele era o sinal. Ao seguir o brilho daquela estrela foram levados a encontrar uma criança a quem consideraram o Rei que procuravam e lhe entregaram presentes valiosos. Também chegaram até a Galileia boatos de que pastores haviam tido uma visão de anjos por ocasião do nascimento de um bebê em Belém. Mas parecia que tudo não passava de boatos, pois nunca mais se ouviu falar desse menino. Talvez tenha sido assassinado por Herodes, que num ímpeto de inveja e fúria, ordenou uma matança de meninos com menos de dois anos, para evitar que algum deles pudesse lhe tomar o trono.

Com o passar do tempo, nada de novo acontecera e não se falara mais sobre aqueles acontecimentos. Até que há pouco tempo, lá nas margens do rio Jordão, no deserto da Judeia, um homem começou a falar como um profeta de verdade. Alguns logo começaram a conjecturar se ele poderia ser aquele menino, que havia sobrevivido e agora se tornara um profeta. Sua pregação tinha fundamento suficiente para atrair a atenção do povo e das autoridades. Seu nome era João e ficou conhecido como "o Batista", porque batizava pessoas nas águas do rio Jordão, ressignificando o antigo ritual de purificação de pecados. Ele dizia: "Arrependam-se. Porque está próximo Reino dos Céus." O que ele queria dizer com aquilo?

Sabíamos algumas informações sobre esse João. Desde menino, ele deveria ter sido preparado para se tornar sacerdote do Templo de Jerusalém, como seu pai, Zacarias, seguindo a linhagem sacerdotal. Mas, em vez disso, abandonou Jerusalém e escolheu o deserto da Judeia como local de exercício de seu ministério profético, longe das formalidades litúrgicas, onde podia falar abertamente, opondo-se ao tipo de religiosidade que se praticava com a liderança dos sumos sacerdotes Anás e Caifás. Em lugar de irem ao Templo escutar repetições religiosas, muitas pessoas iam ouvir o profeta. E era ali, no desconfortável ermo, que João pregava o arrependimento dos pecados e o batismo nas águas como símbolo dessa mudança para uma nova atitude, buscando purificação na misericórdia de *Yahweh*, não no ritual. Ora, isso era novo. Os enfastiados dos rituais vazios e do falatório sem vida lotavam as margens do rio Jordão para ouvir o profeta que não repetia meramente trechos das Escrituras, mas impregnava-lhes de significado. Seu próprio testemunho fazia contraponto com o que era visto no Templo.

O deserto era inóspito e não oferecia conforto como na cidade. Sua geografia acidentada, pedregosa, desenhada por montes e cavernas, costumava ser um refúgio para salteadores. A alma sedenta do povo o impelia a sair de sua casa para ouvir a pregação de João Batista no deserto, no vale do rio Jordão. De fato, não demorou muito para sua fama correr pelas regiões ao redor do deserto da Judeia. Logo, João Batista começou a ser chamado de "voz que clama no deserto". Seria ele a "voz do que clama no deserto" preparando o caminho para a vinda do Senhor, como disse o profeta Isaías? Era o que eu também me perguntava.

    Há pouco tempo houvera uma discussão na sinagoga de Caná. Como não podíamos entrar no local onde ficavam os homens, nós, mulheres interessadas em tudo o que se dizia desde o milagre de Jesus, sentávamo-nos ao fundo para ao menos ouvir. Os sacerdotes tinham dúvidas sobre João, o filho do sacerdote Zacarias. Alguns diziam que ele pregava como um essênio — considerando seu modo de vida muito semelhante ao desse grupo, que há mais de cem anos escolhera viver afastado da comunidade, e se mudara para o deserto para estudar as Escrituras, abstendo-se de certas comidas e realizando banhos como ritual de purificação. Outros diziam que ele talvez seria nazireu — por sua aparência similar aos que faziam esse voto de consagração a Deus e se comprometiam em manter a navalha longe de seus cabelos e abster-se de vinho, como fez Sansão. Outros ainda afirmavam que ele não passaria de mais um agitador, igual a tantos que aquelas terras já haviam visto. As opiniões se dividiam. Não conseguiam enquadrá-lo totalmente em nenhum movimento religioso. Eu apenas escutava esses debates estendidos da Sinagoga ao trajeto até nossa casa. Cada lado tinha suas argumentações. Eu já percebera que essas discussões costumavam pegar fogo sempre que alguém jogava para dentro da conversa a palavra "Messias". Os galileus de Séforis e seus arredores, Caná e Nazaré, desenvolveram uma alergia contra ela, desde a rebelião de Judá, filho de Ezequias, que se autoproclamou messias e desejou para si o trono de Herodes, o Grande, assim que este morreu.

Há alguns anos, Séforis havia sido a capital da Galileia, onde estava o quartel general de Herodes, o Grande. Com sua morte, esse tal de Judá, aproveitou o curto período de vacância do trono e comandou uma revolta junto aos habitantes para a tomada da cidade. Durante esse intento, ele autonomeou-se messias, o salvador, comandando uma revolta. Entretanto, só o que conseguiu foi permitir que a capital fosse devastada pelos romanos, após a sangrenta batalha para conter os sediciosos seguidores do judeu, o que culminou com a morte dos rebelados. O governador romano da Síria, Varus, mandou soldados para saquear e queimar a cidade, vendendo à escravidão os que restaram vivos. Os galileus não esqueciam desse triste episódio.

Herodes Antipas, filho de Herodes, o Grande, acabou herdando a região da Galileia e da Pereia. Era sabido que a família herodiana bajulava Roma e buscava apoio político no Império para permanecer como governador. Extirpada a revolta, Antipas imediatamente iniciou os trabalhos de reconstrução da capital, onde instalou a sede de seu governo. Depois desse massacre protagonizado por esse falso messias, qualquer sinal do surgimento de um novo salvador, por menor que fosse, era logo escorraçado daquele lugar.

Com tantos homens que já se haviam candidatado a esse título, quando chegasse o verdadeiro Ungido de Deus, ele se defrontaria com a incredulidade e a oposição desde os vilarejos até as grandes cidades.

No entanto, agora estávamos de novo começando a questionar se a identidade de Jesus, o *tekton* de Nazaré, caberia nessa moldura profética. Desde os subúrbios agrícolas, vilarejos vizinhos e desimportantes de Caná e Nazaré, como era próprio do nosso povo, antes desacreditamos. Primeiro dizíamos não, depois investigávamos. Não queríamos mais nenhum mágico interessado em angariar dinheiro com ilusões ou algum político fomentador de revoltas contra a dominação romana opressora, usurpadora da terra, dos impostos, do trabalho, das pessoas.

Apesar de me divertir com as discussões acaloradas dos judeus amigos do meu pai, que estavam sempre nos visitando para comprar azeite, eu não costumava dar toda essa importância a nada daquilo. Minha descrença nas intenções humanas me impedia de investir tempo com o que pareciam disparates, para mim eram nada mais do que crendices e religião de gente velha. *Talvez Deus exista mesmo, mas Ele não vai perder tempo em falar com gente desse tipo. Ele deve ter coisas mais interessantes para fazer lá onde Ele mora. Para que se incomodar com essa terra no meio do pó? Talvez os saduceus estejam mesmo certos.* Sim, esse pensamento me ocorria algumas vezes. Ouvi tantas vezes as discussões sobre essas crenças dos saduceus, que já começava a pensar na sua possibilidade, embora meus pais fossem absolutamente contrários ao pensamento de que Deus estava longe e não se importava mais conosco.

No olival, os trabalhadores começavam a encher os cestos com azeitonas para levar ao lagar. Percebi que alguns pássaros se aproximaram e bicavam algumas azeitonas. Fiquei um pouco distraída. Eu terminava de ajudar a limpar os gravetos das últimas redes. Voltei a meus pensamentos.

Além do aparente silêncio de Deus, ainda havia a humilhação que Roma nos impunha com seus deuses pagãos. Eles tinham em Júpiter o rei dos deuses, mas também reverenciavam Plutão, o deus dos mortos e do Mundo Inferior. Em suas casas faziam o culto de Vesta e sobre a lareira montavam um altar onde o chefe da família fazia votos ao Gênio da família, o espírito dos ancestrais protetor do pai, representado pela pintura de uma serpente. Perante o Gênio familiar, o pai apresentava a esposa e os filhos recém-nascidos. A mãe, por sua vez, apresentava sua devoção a Juno, sua protetora. Como se não bastasse, eles ainda adoravam Netuno, Marte, Mercúrio, Vênus, Minerva, Febo, Diana, Vulcano, Ceres, Baco, Esculápio. *Como conseguem? Que confusão? Abraçaram os deuses gregos e lhes deram nomes romanos, mas não conseguiam respeitar o Deus dos judeus?*

Nosso povo desprezava a crença romana e seus incontáveis deuses. Não era aceitável tamanha receptividade aos deuses estrangeiros, como foram com os deuses gregos e como a vários deles se inclinaram, cultuaram e incluíram em sua religião. Mas jamais se afeiçoaram a *Yahweh*, o Deus do povo de Israel. Os romanos não entendiam por que aquele povo, considerado por eles insignificante, tentava se manter fiel ao único Deus, apesar de todas as crenças, de todas as ofertas, de todos os deuses disponíveis. Eles achavam que por essa razão nós, os judeus, éramos um povo fraco, dominado por tantas nações, tantas vezes. Para os romanos, era inútil ter um único Deus se era possível contar com a força e astúcia de vários deuses. Dentro da crença deles, era assim que ganhavam as guerras e se tornavam os donos do mundo. Quanto mais deuses, mais poder, pensavam eles. Em sua mentalidade, era inconcebível honrar e servir um só Deus quando havia tantos deuses que precisavam ser agradados. Contudo a ajuda dos deuses vinha com um preço. Oferendas, cultos, templos, luxos, luxúrias e sacrifícios eram feitos para que não se sofresse com o seu ódio e vingança.

Nós tínhamos consciência de que, além dos romanos, outros povos ao nosso redor igualmente tinham dificuldade em compreender que *Yahweh* era para nós o único e Todo-poderoso. Desde criança, eu ouvira as histórias de como Deus conduzia o povo que Ele mesmo havia escolhido desde os dias de Abraão. O Deus chamado pelos judeus de "o grande Eu Sou" se manifestou a Moisés, projetando Sua voz em uma sarça ardente no deserto, salvou o povo da escravidão e visitava o Tabernáculo durante a peregrinação no deserto. *Yahweh* escolheu Davi, ainda menino, para ser o rei segundo o Seu coração e deu as orientações detalhadas para a construção do Templo pelo rei Salomão. Ouviu a oração de Jonas feita no ventre do grande peixe e o tirou dali. Mandou fogo dos céus para incinerar as ofertas dos sacerdotes pagãos aos seus deuses, quando afrontaram Elias. Enviou um anjo para levar a resposta à oração de Daniel. Conduziu Esdras, Neemias e Zorobabel de volta a Jerusalém para a reconstrução do Templo destruído pelos babilônios. A história do nosso povo mostrava que tudo que *Yahweh* fazia revelava Seu desejo de que o povo entendesse quão grande era o Seu amor, esperando de nós que fosse correspondido com sinceridade e fidelidade.

A carroça estava bem carregada com os cestos, pronta para subir ao lagar. Meu espaço entre os cestos de azeitonas já estava me aguardando como sempre. Desta vez, ao me levantar, equilibrei-me com certeza de que nenhuma pedra rolaria sob meu cajado e fui para a carroça. As mulheres vieram caminhando junto durante a subida e conversavam sem parar. Era assim também no sábado, na sinagoga. Nós, mulheres, também tínhamos nosso tempo de reunião, orações e conversas em local separado dos homens. Não podíamos participar dos debates religiosos junto deles, razão pela qual a palavra de uma mulher não tinha força como prova testemunhal em nenhum tribunal. Para o meu desgosto, as mulheres não pareciam ser consideradas seres com inteligência suficiente para o aprendizado e estudos, ficando a cargo dos homens as tarefas relacionadas ao raciocínio e à lógica. Essa condição aparentava ser selada com sinete e cera na sentença que dolorosamente ouvíamos vinda da oração que religiosos radicais faziam pela manhã, em que agradeciam a *Yahweh* por não terem nascido gentios, escravos ou mulheres. Essas palavras me feriam os ouvidos. E eles estavam errados. Se eu sabia ler e escrever, todas as mulheres também podiam aprender. Eu me sentia apta e em plenas condições intelectuais para compreender e participar de um debate e para falar em qualquer tribunal como testemunha confiável.

A despeito de eu detestar aquelas palavras e ter confiança plena na minha habilidade mental, assim como das mulheres com quem eu convivia, a intelectualidade feminina não era levada em conta. Portanto, por serem consideradas ineptas, nenhuma mulher recebia instrução suficiente para acompanhar os debates e leituras das Escrituras. Além disso, caso estivessem presentes em lugares públicos importantes de debate e ensino, como a sinagoga, os homens temiam que o burburinho feminino pudesse atrapalhar, pelo fato de elas ficarem perguntando a seus maridos o significado de cada expressão, durante os serviços religiosos. Claro! Se não dão instrução suficiente, como querem que as mulheres não perguntem e fiquem caladas? Se quando voltavam para casa, elas já enchiam os ouvidos dos maridos com perguntas, imagine nos locais onde as Escrituras eram lidas no hebraico antigo, diferente da vida diária em que nós, galileus, nos comunicávamos em aramaico. Talvez fosse mais bem compreendido se fosse em grego comum como aquele que era falado em negociações na Ágora, a língua dos mercadores de lugares distantes e também com os romanos. Se bem que para tratar qualquer coisa com os romanos era necessário algum conhecimento do latim, para que não se enredasse em embaraços ao não entender algum detalhe do que eles queriam dizer no seu grego cheio de sotaque latino.

Eu ouvia, aprendia e me divertia com o que as mulheres de Caná diziam, depois que as orações eram concluídas na sinagoga. Algumas delas eram habilidosas em seus ofícios domésticos e criação de filhos e, embora não tivessem recebido qualquer instrução formal, não se poderia dizer de forma alguma que eram desprovidas de inteligência. Quando elas falavam nas reuniões, eu ouvia de algumas delas tanta sabedoria transmitida com ternura, criatividade e bom humor, que me admirava sempre. Eu tinha ouvido falar que havia em Roma mulheres que liam e escreviam. Algumas até chegavam a exercer certa influência na vida pública, embora discreta e por intermédio de seus maridos. Houve também na nossa história judaica, mulheres como a juíza Débora. Muitos anos mais tarde outra mulher chamada Alexandra, assumiu a coroa e governou depois da morte de seu marido Alexandre Janeu. Sempre que necessário, as mulheres entravam em cena, dispostas a resolver o que fosse.

Lá em cima da colina, no lagar, a mesa já estava arrumada e nos reunimos ao seu redor para a refeição. Logo após meu pai dar graças, começamos a nos servir. Não passou muito tempo e as conversas se voltaram para o feito do nazareno no casamento. Eu não estava sozinha naqueles pensamentos. Começaram falando sobre o profeta João, que estava pregando no deserto da Judeia, perto do rio Jordão. Durante a refeição, eu soube que algumas pessoas da nossa região já o haviam ouvido pregar quando voltavam de Jerusalém, pelo caminho do Jordão. Diziam que ele era eloquente e seu discurso era enérgico. "Esse João fala abertamente contra Herodes. Não acho que o rei vá deixar isso sem uma resposta", diziam. Comentavam que João, o profeta do deserto, falava com poder, parecia ter a força do profeta Elias. Eu o imaginava como uma figura exótica. Além de ter ido morar no deserto da Judeia, separado da cidade, diziam que ele andava vestido com roupas feitas de peles de animais e se alimentava basicamente de frutas, legumes e de um tipo de gafanhoto que era preparado às vezes assado, outras vezes cozido, sem patas, cabeça e asas. E na sua dieta não faltava mel silvestre. Pelo menos a doçura do mel salvava esse cardápio. Desculpe, mas prefiro a doçura das tâmaras e dos figos! Essa "iguaria" com gafanhoto não me atrai em nada. Os gentios dizem que o gosto se assemelha ao camarão que eles pescam nas redes, quando vão ao mar. Eu não sei, nunca comi camarão! Mas se ele tem aquela quantidade de patas, como tem o gafanhoto, agh!, não tenho o menor interesse em provar! Só de pensar naquele bicho servido esturricado me faz perder o apetite.

 Na verdade, toda essa conversa sobre João Batista servia apenas de introdução para a conversa principal. Eu os ouvi dizer que, por melhor que o profeta do deserto pregasse, ele não havia feito sinal algum. Então, os debates se voltavam para o nazareno. O que teria sido aquilo que aconteceu na festa? Era exatamente essa lembrança que não se afastava dos meus pensamentos. Algo havia se acendido em minha mente. Aquilo foi um milagre? Seria ele um profeta? Mas eu não deixava de me perguntar sempre: como poderia sair alguma coisa boa de Nazaré? O que tem de bom lá? Não passa de uma vila com alguns casebres sem graça. É menor do que Caná. No entanto, as imagens do que acontecera nas bodas, não saíam de minha cabeça. Eu vi tudo tão de perto. Tornei-me testemunha de alguma coisa que fugia à minha compreensão. Alguém na mesa disse que aquele homem se chamava Jesus.

A refeição terminou e começamos os trabalhos no lagar. Minha perna começou a doer de novo. Os músculos repuxavam, talvez pela tensão a que meus pensamentos os levavam. Eles rodavam dentro da minha cabeça, assim como a pedra da moenda, que o jumento estava girando dentro do lagar, a moer as azeitonas. Fui sentar-me na pedra onde costumava deixar meu saltério. Comecei a tocar. Queria me distrair um pouco e parar de remoer pensamentos. Fiquei olhando os empregados andando de um lado para o outro trazendo e levando as botijas "*Alef*" onde era recolhido o primeiro azeite.

Ao anoitecer, já tínhamos terminado de guardar os materiais e o azeite produzido. Enquanto caminhávamos do lagar para nossa casa, mais comentários surgiram a respeito de Jesus. Diziam que já se falava sobre ele em todos os povoados da região. A notícia se espalhou e falava-se somente a respeito do milagre do *tekton*, filho de José, na festa de casamento. Até em Séforis, a antiga capital da Galileia, o assunto já havia chegado. Muitos comentavam que a reconstrução de Séforis, após a devastação causada pelos romanos, pode ter tido a participação de José e seu filho Jesus, os *tekton*s de Nazaré. Claro, eles poderiam muito bem ter ido trabalhar na reconstrução da cidade de Herodes Antipas. Toda a força de trabalho disponível fora chamada para a grande obra de reerguer a cidade das cinzas deixadas pelos romanos. Os meninos ajudavam seus pais no trabalho desde cedo, pois, além de ensinar a Torá, era também uma regra para todo judeu: "Ensine ao seu filho uma profissão, para que ele não se torne um ladrão". Era assim que se dizia.

Chegamos a casa e, enquanto terminávamos de arrumar a mesa para a ceia, as conversas continuaram.

—Pai, aquele era o filho de José, o construtor de Nazaré, não era? — perguntei.

—Era ele mesmo. O *tekton* de Nazaré.

Minha mãe me deu uma tigela com pasta de grão de bico para colocar na mesa, virou-se para pegar a travessa de pão e disse:

—Quem diria! Aquele rapaz e seu pai vieram consertar a viga do lagar. Lembra?

—Claro! Eles passaram alguns dias aqui conosco até terminarem o serviço. Estenderam suas tendas lá mesmo perto do lagar. Eu sabia que já tinha visto o rosto dele.

—Yesher, ponha uma jarra de vinho e uma de água na mesa, meu filho.

—Já pego, mãe.

—Foram esses *tekton*s que construíram a torre de vigia também, não foram? — continuei.

—Sim, e com as madeiras que sobraram, eles ainda fizeram a mesa do lagar, que nós usamos até hoje. O jovem Jesus disse que a mesa era um altar sagrado de comunhão, por isso ele iria caprichar naquele móvel — disse minha mãe.

Meu pai veio com uma travessa de peixes salgados nas mãos, colocou sobre a mesa e se sentou em uma almofada, dizendo:

—Ele se tornou um *tekton* tão bom quanto foi o pai dele

Yesher ajudava a arrumar a mesa para a ceia, mas permanecia apenas ouvindo a conversa. Não demonstrava muito interesse.

Com tudo pronto, sentamo-nos nas almofadas no chão em redor da mesa, e iniciamos a ceia após meu pai dar graças a Deus. Terminada a oração, eu retomei a conversa.

—Tem uma coisa que eu não entendo. Nazaré é só um vilarejo. É menor do que Caná! Não tem nada lá de interessante. É uma vila monótona, um lugar onde não acontece nada. Que tipo de profeta poderia sair dali? Nós somos a periferia de Séforis. Em Nazaré não tem nem uma escola boa o suficiente para formar um mestre. Ele nunca estudou com os mestres em Jerusalém, não é, pai?

—Não acredito que a família dele teria dinheiro para isso. Manter um jovem estudante fora de casa custa caro. Poucas famílias podem se dar a esse luxo.

—Nós já tivemos tantos aventureiros que se diziam profeta e messias. Talvez esse *tekton* seja mais um mentiroso, Haya — disse Yesher, entrando na conversa.

—Pois esse empreiteiro agora está sendo chamado de Mestre e já tem discípulos. As pessoas comentam o tempo todo sobre ele. Dizem que ele é um profeta. Que faz milagres. Nós vimos no casamento. Você também estava lá, Yesher.

—É o que tenho ouvido por aí, minha filha. Não seria para menos. Transformar água em vinho, puxa! Se isso não é um milagre, não sei o que pode ser! É um milagre, sim, Haya. Não se vê isso todo dia!

—Você soube que ele tem feito pregações pela Galileia, Naamah? As suas palavras têm chamado a atenção das pessoas. Quando fui comprar vinho dos mercadores que chegaram na cidade, eles contaram que o novo Mestre nazareno prega que devemos amar a Deus sobre todas as coisas e ao próximo como a nós mesmos. Essa parece ser a base do seu ensino — disse meu pai.

—Acreditarei nele quando ele empunhar uma espada bem afiada nos dois gumes e liderar uma guerra contra os romanos, como fizeram os Macabeus, que livraram nosso povo dos gregos.

—Bem, Yesher, não acho que ele seja esse tipo de líder. Alguém com discurso sobre o amor, não deve ser um líder que deseje reunir o povo para a guerra e derramamento de sangue em uma batalha —respondeu meu pai.

—Claro, o que você esperaria de um caipira de Nazaré? Não dá para acreditar que saia alguma coisa boa de uma vila como aquela, simplória, esquecida. Quantos moram lá? Uns duzentos? Trezentos? Ele não vai reunir ninguém, nenhum soldado que queira lutar, ainda mais com um discurso infantil como esse.

—Yesher, não deprecie ninguém. *Yahweh* sabe usar coisas pequenas para confundir as fortes. O nosso Deus é especialista em fazer do nada, o tudo. Se Ele quiser usar um construtor carpinteiro de Nazaré, Ele usará. Deus faz as coisas do jeito dele. Lembre-se de que o patriarca Abraão morava em Ur dos caldeus, habitação dos sumérios, povo rico e desenvolvido, e Deus mandou que ele saísse de lá para uma terra onde começaria uma vida nova do nada, levando consigo apenas a fé na promessa de Deus e sua família. *Yahweh* cumpriu o que prometeu e tornou Abraão o pai da nossa nação, tornando-a grande e forte. Jacó, neto de Abraão, não passava de um enganador, e Deus mudou seu nome para Israel, pai das doze tribos que constituíram a nossa nação. José foi vendido como escravo, e Deus o transformou em governador no Egito. Moisés nasceu escravo no Egito, e Deus o transformou em libertador. Davi era um franzino pastor de ovelhas, e Deus o ungiu rei sobre Israel — disse minha mãe.

—Mas Deus falou com eles. As Escrituras ensinam isso, não é mesmo? E eu não sei se Deus falou com esse nazareno.

—Sim, Yesher, Deus falou com os nossos patriarcas e profetas. E falou também com as pessoas simples do povo. Apenas eles sabiam o que Deus havia dito. Não era natural que os desacreditassem? — disse meu pai. — Noé, por exemplo, pregou por muitos anos e ninguém o ouviu. Eles viram que Noé construía o barco enorme, mas o consideraram insano. Quem abandonaria a vida a que estava acostumado para entrar numa arca junto com gente que aguardava um dilúvio numa terra seca?

—Para mim não parece uma coisa normal dizer que se ouviu a voz de Deus — rebateu Yesher — Se Ele um dia falava com as pessoas, agora não fala mais. Que interesse *Yahweh* teria em gente como nós? Nesse ponto, eu concordo com os saduceus. O favor de Deus nos abandonou.

—Bem, nós somos assim mesmo. O nosso julgamento tende a duvidar sempre, é natural para o ser humano ser desconfiado. Não acreditamos no que não vemos ou ouvimos. Mas essas coisas que moram no invisível da fé, estão acima do que é natural. Isso tudo nos assusta. São coisas que somente se enxerga com a fé, não têm explicação natural — respondeu minha mãe.

—E com esse homem de Nazaré? Nós sabemos se Deus falou mesmo com ele? — perguntei.

—Não sabemos. Pelo menos, ainda não, minha filha. Só teremos certeza se o que ele diz é verdade, quando as coisas que ele fala acontecerem — disse meu pai.

—Eu somente acreditarei em um messias que nos liberte dos romanos. Ele terá de ser melhor do que Moisés foi com os egípcios! — falou Yesher, enquanto derramava um pouco de azeite no pão que havia rasgado. — Daqui nós não sairemos, essa é a nossa terra, temos que lutar por ela. Muito judeus estão espalhados pelo mundo porque outros povos vieram e expulsaram nossos antepassados de nosso lar. Nós temos que expulsar os invasores, crápulas opressores — complementou Yesher, levando o pão à boca, deixando escorrer azeite pela comissura labial e limpando com as costas da mão.

—Os ensinamentos dele são bem ousados. Quem falaria sobre amor a um povo dominado e oprimido? — eu disse.

Eu também tinha dúvidas, mas eram diferentes das de Yesher. Ele procurava um general que libertasse nosso povo da injustiça. Eu procurava... O que eu procurava?

—Ouço dizer que ele ensina com uma força que não se vê em nossos líderes religiosos — prosseguiu meu pai, interrompendo meu pensamento.

—Não me importa. Se ele continuar com essa conversa molenga, os romanos nem precisarão se preocupar com ele. O Sinédrio logo dará cabo dele — disse Yesher.

7

Vendilhões

*Estando próxima a Páscoa dos judeus,
Jesus foi para Jerusalém. E encontrou no templo
os que vendiam bois, ovelhas e pombas e também os
cambistas assentados. Tendo feito um chicote de cordas,
expulsou todos do templo, com as ovelhas e os bois.
Derramou o dinheiro dos cambistas pelo chão,
virou as mesas e disse aos que vendiam as pombas:
—Tirem estas coisas daqui! Não façam da casa
de meu Pai uma casa de negócio!*
(JOÃO 2:13-16)

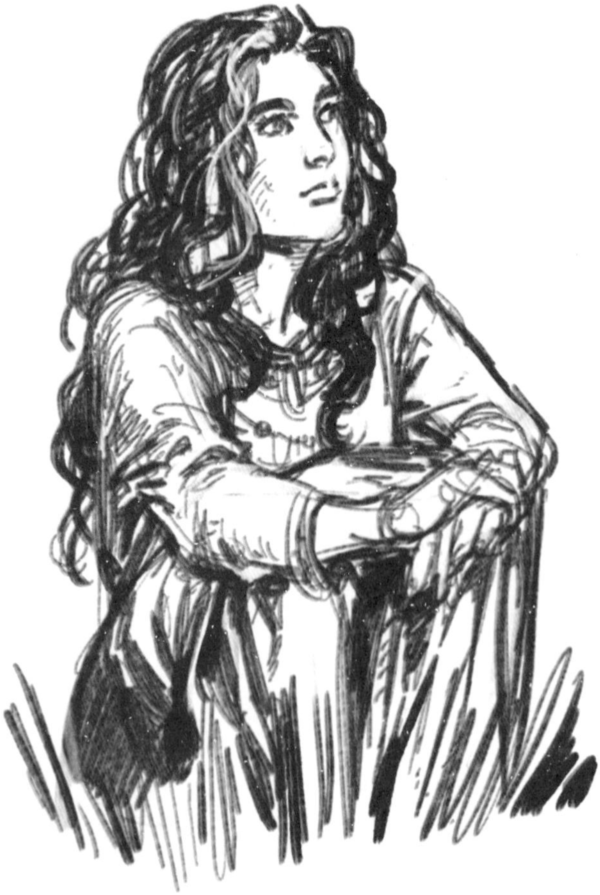

Estradas serpenteavam pelo solo arenoso entre os montes da Palestina. Essa geografia desenhava esconderijos perfeitos para os salteadores, não se poderia prever quando um deles, escondido nos montes e cavernas, pularia sobre os viajantes para lhes roubar bagagens e carregamentos. Era perigoso. Soldados romanos percorriam esses caminhos para manter a ordem, mas era difícil conter os bandidos. Eles eram nativos que conheciam cada antro daquelas colinas e podiam desaparecer com facilidade nas numerosas cavernas e grutas. Por essa razão, havia muitos viajantes se deslocando em caravanas cada vez maiores e o porte de espadas, facas e bordões era mais frequente. Um grupo em particular estava se tornando bastante temido: o Bando das Adagas, nome que fazia jus ao hábito de levar sempre uma adaga presa ao cinto, cuja lâmina fora forjada com leve curvatura, quase ao estilo de uma cimitarra, porém de tamanho menor. Dizia-se que entre eles havia um hábil ferreiro responsável pela fabricação dessas lâminas.

Três estradas principais ligavam a Galileia e a Judeia e todas acabavam levando a Jerusalém. A primeira era conhecida como Caminho do Jordão, por se estender pelo vale do rio Jordão. Partindo da Galileia, essa estrada seguia contornando as terras samaritanas até entrar no vale do Jordão, cruzando o deserto da Judeia até alcançar a cidade de Jericó, de onde começava a subida íngreme até os montes onde Jerusalém estava edificada. Era o percurso mais usado pelos judeus, ainda que fosse o mais distante, quase 150 quilômetros, dependendo de onde se partia da Galileia. O segundo trajeto era o Caminho de Samaria, com 120 quilômetros aproximadamente, que encurtava a distância em um dia de caminhada e atravessava o território de Samaria. Essa seria a escolha lógica, para qualquer um, menos para os judeus. Meu povo evitava essa estrada a todo o custo porque a terra dos samaritanos era considerada impura, morada dos traidores, que, em algum momento, dividiram o reino de Israel e se abraçaram a povos gentios, gerando descendentes não autênticos, um povo feito de hebreus misturados a estrangeiros.

Além do mais, eles deixaram seu coração surdo aos alertas dos profetas quanto ao seu procedimento cada vez mais distante do ensinamento recebido no Sinai. Esse desprezo extremo dos judeus contra os samaritanos parecia um pouco estranho para mim, porque tanto o Reino do Norte, chamado hoje de Samaria, quanto o Reino do Sul, onde está a Judeia, acabaram tendo histórias semelhantes em muitos pontos. O trunfo do Reino do Sul era o Templo de Jerusalém e a descendência de Davi, que permaneceu na Judeia. Nem por isso eles acertaram todas. Houve muitos erros em ambos os reinos. Ambos terminaram mal. A Assíria levou ao exílio os habitantes do Reino do Norte e a Babilônia levou cativo o povo do Reino do Sul e ainda demoliu o Templo de Jerusalém. *Não consigo ver que um seja melhor que o outro, nem mais puro. Para mim, a poeira samaritana tem a mesma quantidade de sujeira que a poeira judaica.* De qualquer forma, tudo constituía em motivos sérios e justificados para os radicais preferirem percorrer o caminho mais longo, a ter que pisar em solo samaritano, ainda que essa escolha acrescentasse mais um dia de caminhada à sua viagem. Do lado samaritano também não havia hospitalidade para os judeus. *Orgulho histórico? É, eu acho que sim!*

Talvez pela origem cipriota de meus pais, essas diferenças não eram consideradas tão relevantes — *e para mim não eram mesmo* —, mas para evitar confrontos com os mais radicais, eles prefeririam não usar essa estrada. Minha mãe contou que quando meu irmão e eu éramos criancinhas, fomos viajar para Jerusalém pelo caminho dos samaritanos, porque era mais curto, e, com crianças, seria melhor encurtar a jornada. O resultado foi danoso. Os mais radicais criticaram a escolha e até deixaram de comprar nosso azeite. Demorou para desfazer a má impressão. Havia ainda um terceiro caminho, esse era o mais longo, com pouco mais de 150 quilômetros, chamado de Via Maris, uma rota comercial importante que iniciava no litoral Mediterrâneo do Egito, passando por Gaza até Megido, depois a estrada deixava a costa litorânea para entrar em território galileu, cruzando a cadeia de montanhas da Galileia, seguindo até Cafarnaum, onde saía da Galileia e entrava na província da Síria, chegando em Damasco. Pela Via Maris escoavam os produtos vindos de várias regiões. Muitos deles tinham como destino os portos à beira do mar Mediterrâneo, como Jope, Cesareia Marítima e Ptolomaida, que transportavam as cargas obtidas nos territórios conquistados para alimentar e enfeitar a vida dos palácios romanos.

Na época da Páscoa, as estradas ficavam lotadas com centenas de caravanas de judeus que moravam em regiões remotas rumo a Jerusalém. Antes de cada viagem, fazíamos uma visita à casa do curtidor de couro, para encomendar os pares de sapatos reforçados que nos protegeriam os pés durante a caminhada. O artefato se parecia com uma trouxa com tiras para se amarrar no peito do pé e camadas extras de couro mais duro costuradas na sola. Elas diferiam das sandálias que usávamos habitualmente, pois eram mais frescas e confortáveis, mas deixavam os dedos desprotegidos para uma caminhada tão grande.

Nossa família estava pronta para partir na caravana de Caná. Tomamos o caminho do Jordão, o mais usado pela maioria dos judeus. Não tardou, e o assunto a respeito do nazareno que transformou a água em vinho no casamento voltou à conversa entre os peregrinos. Não havia consenso. Uns achavam que ele era profeta, outros, um mágico e a maior parte desejava que ele fosse um general poderoso.

Meu pai caminhava ao lado de Simeon, um peregrino de Ptolomaida, dono de um navio mercante naquela cidade. Meu pai e Simeon fizeram amizade há alguns anos durante as peregrinações a Jerusalém, quando seguimos viagem pela Via Maris. *Essa era de longe a minha estrada preferida. Claro! Para quem via todos os dias a poeira alaranjada sob os pés se estender até os montes ao redor, andar por um caminho perto do mar era estupendo.* Ao longo da Via Maris passávamos por cidades portuárias, cheias de gente diferente, vindas para negociar seus produtos ou para participar da festa em Jerusalém. Eu me encantava com suas roupas, adereços na cabeça, maquiagens, brincos, colares, mantos coloridos. Seus sapatos ainda estavam limpos, diferentes dos nossos calçados sofridos e inevitavelmente tingidos de cor laranja, bem como nossas canelas. Navios carregados partiam, Mediterrâneo adentro, ao sabor das aventuras, navegando sobre ondas livres, vencendo os vagalhões — que Simeon dizia serem como montanhas móveis de água —, até as terras longínquas. *O que haveria depois do mar?*

Desde que se tornaram amigos, Simeon e meu pai combinavam que a viagem da Páscoa seria feita cada ano por uma estrada, um ano pelo Caminho do Jordão, no outro pela Via Maris. Desta vez, a caravana de Simeon e sua família que vinha de Ptolomaida, se uniu à caravana que partia de Caná, seguindo pelo Caminho do Jordão. Caminhando juntos, os peregrinos mercadores acabavam passando os seis dias de jornada partilhando um pouco de suas vidas. Assim surgiu a amizade entre meu pai e Simeon. Ele e sua família ficavam hospedados em nossa casa, onde passavam a noite antes de partirmos juntos para Jerusalém, quando seguíamos pelo Jordão. Durante a ceia, Simeon disse que ouvira falar sobre Jesus e seu prodígio realizado no casamento. Ele estava interessado em saber quem era o homem que havia transformado a água em vinho na festa de casamento e meu pai lhe contou tudo o que sabíamos, incluindo o que tínhamos ouvido de mercadores que chegavam de outras regiões da Galileia, onde Jesus havia iniciado um ministério itinerante, pregando por toda a região.

—Há alguns anos a prensa de azeitonas do nosso lagar quebrou. Eu não pude arrumar. Até tentei, mas quase prensei minha mão — disse meu pai — não tenho essas habilidades, sou um mero produtor de azeite.

Simeon e meu pai riam muito, pois se relacionavam muito bem.

—Eu também não tenho essas habilidades técnicas. Isso não é para um mercador como eu.

—Por isso, desisti logo — concordou meu pai. — Sabia que havia um *tekton* habilidoso em Nazaré. Arrumei algumas coisas na carroça para a viagem e levei dois servos. Partimos para Nazaré, a procurar o tal *tekton*, chamado José. Chegamos a sua casa depois da caminhada, e ele nos recebeu com muita hospitalidade. Ofereceram-nos água, comida e pouso para passarmos aquela noite. No dia seguinte, nos primeiros raios de sol, ele e seu filho Jesus já estavam empilhando as madeiras na carroça para partirmos logo. Consertaram a prensa, construíram uma torre de vigia e ainda fizeram uma mesa que usamos na gruta do lagar. Jesus era apenas um menino que estava aprendendo o ofício com seu pai. Desde cedo, como é o costume.

—Esse menino é o mesmo Jesus que agora é um Mestre? — perguntou Simeon.

—Sim.

—É curioso, não, Oren? Como um homem simples de Nazaré, uma cidade sem brilho, teria se tornado um Mestre?

—É o que temos nos perguntado, Simeon. Talvez seja essa a pergunta que mais incomoda a maioria das pessoas.

—O que ele anda fazendo é incomum. Soubemos em Ptolomaida que ele viaja pelas cidades ensinando nas sinagogas e fazendo sinais.

—Sim, é verdade. Ele tem um discurso diferente dos líderes religiosos. Ele ensina que toda a Lei se concentra em dois pensamentos: amar a Deus sobre todas as coisas e ao próximo como a nós mesmos.

—Ora, ele resumiu tudo, Oren. É claro! Se amarmos a Deus acima de tudo, nós o respeitaremos a ponto de não cometermos pecado contra Ele. Se o amarmos assim, não o substituiremos por qualquer outra coisa. Não colocaremos nada nem ninguém em Seu lugar.

—Bem, mas tem a segunda parte, Simeon. O nosso próximo deve ser respeitado por nós por amor. Deve ser tratado como gostaríamos de ser tratados. Imagino que se todos agissem assim, não veríamos mais crimes, brigas, violências, invejas, ganância, corrupção. Deve ser assim nos céus ou no Reino de Deus, como ele mesmo chama. Mas aqui, com as pessoas que eu conheço, dá mais vontade de agir no olho por olho, dente por dente — disse meu pai.

—Essa parte é mais difícil. Amar ao próximo? Ah, isso é complicado. Sempre foi. O próximo está perto o suficiente para sentirmos até seu cheiro. As pessoas são visíveis demais para amarmos assim. É mais fácil ir pelo caminho da guerra.

—É uma pena que isso não funcione, Simeon. A não ser que ele consiga convencer os romanos a amarem os judeus e os judeus a amarem os romanos.

—Tarefa inglória. Imagine! Como os judeus mais radicais vão amar os samaritanos? Ou os idumeus, como Herodes, que nem judeu é?

—Ou os fariseus amarem os saduceus? Os herodianos amarem os zelotes? Não vejo possibilidade. Há tantas divisões entre o povo, ninguém mudará isso. Cada um fala uma língua. Somos Babel.

—Bem, amigo Oren, espero conhecer esse homem durante a Festa da Páscoa. Quero ouvir o que ele tem a dizer. Meu desejo é conhecer seus ensinamentos, entender quem ele é. Quem sabe ele repete a façanha, e até acabo tendo a honra de beber do vinho transformado por ele!

Durante a viagem os meus ouvidos continuaram atentos às conversas sobre o Mestre galileu. Mas apenas nos primeiros dias, porque depois eram só repetições do que eu já havia ouvido alguém falar, e aquilo me entediava. Durante os seis dias de viagem entre Caná e Jerusalém, eu ouvia conversas sobre qual era a melhor estalagem, onde costumavam vender seus produtos, qual o melhor artesão a procurar para comprar determinados produtos. *Acho que as conversas melhorarão na volta. Aí os comentários ficarão interessantes com as últimas notícias de Jerusalém.* Paramos em Jericó para ali pernoitar. O dia seguinte nos reservava a última parte da viagem. Precisávamos descansar para enfrentarmos uma subida enorme a partir do vale do Jordão até os montes em que ficava a cidade de Jerusalém. Faltavam ainda 27 quilômetros até nosso destino.

No dia seguinte, entramos pelos portões da cidade quase no fim da tarde com a caravana. A subida entre Jericó e Jerusalém era mais difícil para quem tinha mais bagagens, carroças e animais transportando cargas. Nós trazíamos o azeite para a oferta no Templo e um estoque grande para as vendas em Jerusalém. As encomendas aumentavam cada vez mais, por isso precisamos de duas carroças puxadas por jumentos e lotadas com botijas de azeite e nossos pertences. Queríamos entregar o mais rápido possível as encomendas, então havia muito trabalho pela frente. Se dependesse da vontade de meu pai, entregaríamos tudo antes mesmo de descansar da viagem. Ele temia que a carga fosse roubada, caso nos distraíssemos. Havia um movimento intenso na cidade, gente de todos os cantos chegando em caravanas. Dentre tantos, poderia haver ladrões; sim, isso não seria impossível. Mas nenhum de nós tinha disposição para nada além de um bom descanso, inclusive os animais.

Nosso comboio foi se dissipando. Cada um saiu à procura de acomodações. Nós também seguimos pelas ruas com as carroças. Procurávamos a hospedaria em que costumávamos ficar, quando em visita a Jerusalém. De uma das vias que cruzavam a cidade, observamos dois soldados vindo em nossa direção. Eles estavam a uma distância suficiente para que eu pudesse enxergar que um deles usava um tapa-olho. Era o Ciclope. Sua aproximação trouxe um cheiro encardido de suor misturado com bebida. Senti náuseas. Ele chegou tão perto, que pude ver um entalhe feito no couro marrom do tapa-olho. Tinha o formato de uma faca. O Ciclope bisbilhotou nossas carroças, rodeou nosso pequeno grupo, mantendo a mão esquerda no cabo da faquinha pendurada em seu cinturão o tempo inteiro. Ali estava a pequena faca que o cegou. Seu desejo era — quem sabe quando — poder retribuir a "gentileza" aos seus malfeitores galileus e devolver a faquinha do mesmo jeito que a recebera. Isso ele propagava aos quatro ventos. A todos os seus colegas soldados, o caolho costumava contar a história de que perdera uma das vistas durante um combate em que fora emboscado por um grupo de salteadores judeus quando havia sido destacado para um trabalho na Galileia. Não sei se acreditavam naquele logro. Ele era uma fraude. Quintus Larcius Pavo era o nome daquele soldado conhecido tanto pela maldade, quanto pelo ódio contra os judeus. Tinha o físico de gladiador, homem de poucos escrúpulos, dado a bebedeiras e orgias em homenagem a Baco, deus a quem era devoto.

—O que mais vocês estão levando aí nas carroças? — perguntou Pavo.

—Temos encomendas de azeite para entregar — respondeu meu pai.

—Vamos ver o que temos aqui — disse o outro soldado, e começaram a revistar a carroça.

Yesher ficou com o rosto vermelho. Quase não conseguia esconder sua raiva. Meu pai lançou um olhar à família, e todos entendemos que devíamos nos manter em silêncio. Minha perna doía.

—Somos comerciantes, nada mais — continuou meu pai.

—Assim espero, galileu. A cidade está cheia de todo o tipo de gente. Não queremos encrenqueiros em Jerusalém e é nosso dever manter a ordem — falou o soldado que acompanhava Pavo na vigília das ruas da cidade.

—Há muitos ignorantes revoltosos aqui. Gente de dentro do seu povo que só sabe fazer confusão. Não admitiremos motins, nem rebelião de qualquer tipo — disse Pavo, enquanto abria uma das botijas para cheirar o que havia dentro.

—Esse cheiro está bom — disse o Ciclope como se farejasse a presa.

Fiquei do mesmo lado do seu olho cego, contando que o tapa-olho fizesse volume suficiente para me dar a vantagem de ficar fora do seu campo de visão.

—Foram vocês que produziram tudo isso?

O Ciclope virou a cabeça procurando me enquadrar com precisão em sua mira de besta-fera. Sua voz incomodou até o jumento. O animal se movimentou não como se abanasse moscas, mas bruscamente, como se pressentisse o perigo do predador próximo. Yesher segurou as cordas e acalmou o animal para que a carroça não sacolejasse e as botijas se quebrassem. Meu pai já estava na minha frente tapando a visão monocular do soldado.

—Sim — respondeu meu pai, secamente.

—Quanto custaria uma botija dessas, judeu? — perguntou Pavo.

—Elas são encomendas, não posso vender nenhuma, lamento.

—Isso pode ser compensado, acredito. Estava pensando se um soldado romano da Guarda do Palácio de Pilatos não poderia ser agradado? — disse o caolho, direcionando o olhar monolítico para mim e minha mãe.

—Temos encomenda para entregar na Fortaleza Antônia. Creio que seja para o seu chefe, Pôncio Pilatos, o governador da Judeia. Não seria bom que o desagradássemos, certo soldado? Agora, com licença. Não quero atrasar minha entrega.

O Ciclope fechou a cara sarcástica, encarando meu pai, que se aprumava para sair dali.

—Ah, é para Pilatos, é? Humm... então vocês precisarão de escolta oficial para encomenda tão importante. Irei junto fazer a entrega. Ficarei bem perto de vocês, galileus. É meu dever proteger os interesses do meu chefe, não é mesmo, judeu? Talvez até receba um elogio ou uma recompensa pela dedicação.

Yesher já estava a ponto de perder a cabeça. Meu pai, mesmo enfurecido, pensava em evitar qualquer confronto com aquele tipo asqueroso e até já estava inclinado a entregar logo uma botija de azeite e se livrar do arrogante, quando uma balbúrdia interrompeu o momento. Era um vozerio que se levantou, vindo da direção do Templo. Parecia um tumulto prestes a entrar em erupção. Em poucos instantes, pelo menos 15 soldados se reuniram e entraram em formação em resposta à ordem do comandante, que brotou de algum beco. Ajuntando-se em três fileiras, os guerreiros partiram em direção ao Templo, como um bloco de granito móvel, com pernas marchando sincronizadas como um inseto, uma lacraia, tendo as espadas empunhadas como garras.

Aproveitamos para sumir rapidamente dali, na direção contrária. Mais tarde, na hospedaria, só se comentava sobre a efervescência no Templo. Eu nem precisei me esforçar para saber o que acontecera: era Jesus corajosamente expulsando os comerciantes, que já há algum tempo aproveitavam as épocas de festa para aumentar suas vendas armando suas tendas naquele local considerado santo. Parte daqueles a quem ele enfrentou, eram cambistas e detinham influência política na cidade. As pessoas comentavam que os humores andavam crispados em Jerusalém. Há pouco tempo se dera uma paralisação dos padeiros que faziam o pão utilizado nos cerimoniais. Com essa interrupção, tudo ficou atrapalhado e os sacerdotes, sem perda de tempo, procuraram outros obreiros para o trabalho, mas tiveram que enfrentar a corporação que havia entre os padeiros. Todos os profissionais foram proibidos de atender aos religiosos, até que os devidos salários fossem pagos.

A situação só foi solucionada quando os cambistas fizeram a mediação. Eles facilitaram o acerto dessa questão entre os sacerdotes e os padeiros. As trocas de favores abriram as portas para se fazer comércio dentro das dependências do Templo, com o consentimento dos responsáveis religiosos. Havia muitos interesses envolvidos. Causara espanto, a coragem do Mestre galileu em enfrentar a situação daquele jeito. Era certo que Jesus havia feito inimigos naquele dia no Templo. Ainda que fosse justo o que fez, custaria a ele um preço, sem dúvidas.

A presença dos soldados da Guarda do Palácio de Pilatos havia acalmado os ânimos dos vendilhões ultrajados pela reação do Mestre, que para eles era um galileu caipira e desordeiro. Os guardas ouviam as reclamações apenas para manter a ordem. Aquilo não lhes dizia respeito, não afetava seus interesses, não passava de uma questiúncula local e, por fim, respondiam que não era problema deles. Os cambistas insistiram ainda um pouco mais, mas os romanos não deixaram dúvidas de que era um assunto a ser tratado pelos próprios envolvidos. O imperador não fora insultado, portanto, o desentendimento era estritamente do interesse dos judeus, nada tendo a ver com os romanos.

Durante o tempo que passamos em Jerusalém, Yesher circulava pela cidade. Ele dizia que era adulto e cuidava da sua vida. Meu irmão tinha feito novos amigos entre os zelotes e havia muitos deles em Jerusalém. Os zelotes costumavam ser radicais, não era o tipo de amizade que meus pais queriam, mas Yesher não lhes dava ouvidos. Meu irmão dizia que os zelotes tinham a coragem que faltava aos galileus e estava inclinado em se ocupar das questões que o partido dos zelotes defendia. Seus novos amigos estavam sempre de olhos atentos aos movimentos que partiam dos romanos. Sempre davam um jeito de infiltrar informantes em várias corporações de ofício, que tinham obreiros servindo tanto no Templo, quanto no Palácio de Herodes. Até na Fortaleza Antonia eles haviam conseguido inserir alguns espiões.

Os dias em Jerusalém agora já não eram mais como os que passávamos quando éramos mais novos e apenas brincávamos pelas ruas da cidade, fazendo descobertas a cada esquina. Ouvíamos as pessoas falando idiomas diferentes, que nos faziam rir. Imitávamos o que elas diziam, inventando sons que se pareciam com as palavras estranhas. Sabia-se lá o que estavam dizendo, nós remedávamos. Agora, meu irmão estava diferente. De suas andanças por Jerusalém, Yesher acabava sempre trazendo novidades. Os zelotes lhe haviam contado que depois do incidente com os vendilhões do Templo, o capitão da Guarda do Palácio de Pilatos incumbiu Pavo, o Ciclope, e seu parceiro de vigília pelas ruas da cidade a começar investigações sobre os revoltosos. O comandante queria saber quem era o galileu raivoso que expulsou os vendilhões. Eles achavam que o galileu podia fazer parte do grupo dos zelotes, tido como um grupo insubmisso e violento. O comandante queria todos neutralizados ao menor sinal de ameaça. Nenhuma insurreição poderia ter lugar na cidade sob o seu comando.

O conhecido ódio de Pavo contra os judeus, o tornava o soldado certo para o serviço. O comandante sabia disso. Deu carta branca aos espiões para prender e interrogar suspeitos, se fosse necessário. Era uma medida profilática antes que qualquer incômodo se instalasse. Até que as festas passassem e o fluxo de pessoas voltasse ao normal, eles tinham que ficar atentos aos amotinados. A antipatia pelo império era crescente, e os romanos tinham ciência desse fato. Em uma cidade cheia de visitantes, como era Jerusalém na época das festas, qualquer motim poderia deflagrar uma guerra.

Saímos para fazer as entregas das encomendas de azeite aos nossos clientes antigos e por onde íamos, ouvíamos comentários sobre o galileu furioso que expulsara os mercadores do Templo. Era o assunto do momento. Há alguns anos, durante o *Shavuot*, a Festa de Pentecostes, quando nós entregamos o azeite das primícias ao novo empregado responsável pelos mantimentos do Templo, o senhor Raziel, ele nos disse que estava esperando reencontrar os produtores que trouxeram o azeite nas botijas com a letra *Alef*. Embora discreta, a marca chamara a sua atenção. Ele nos disse que o azeite das botijas *Alef* eram os melhores que já haviam sido entregues como oferta no Templo, e, desde então, o nosso azeite se tornou o preferido. Ele queria o azeite não só para o Templo, mas também para sua casa. Logo seus amigos também queriam o azeite *Alef*, como ele chamava. As encomendas aumentaram, por isso as duas carroças que trazíamos vinham lotadas e, se coubessem mais botijas, venderíamos todas, sem dúvida. Se continuasse assim, teríamos que comprar outra carroça.

Quando fomos entregar o azeite, encontramo-nos novamente com o senhor Raziel. Ele estava à nossa espera. Soube que chegara uma caravana grande da Galileia e estava torcendo para que estivéssemos nela. Assim que nos encontramos, percebemos que dessa vez seu interesse não era somente em nosso azeite. Ele nos encheu de perguntas sobre o Mestre galileu. O senhor Raziel era um homem falante, daqueles que perguntavam algo novo antes de ouvir o fim da resposta anterior. Falava alto, gesticulava com excessos. Tinha as bochechas rosadas, que se elevavam fechando seus olhos quando ria, coisa que ele fazia constantemente. Meu pai informou resumidamente algumas coisas. *Aquilo já estava me cansando. Todos queriam saber sobre o vinho de Caná.* Como se fosse parte de um escambo não combinado, o senhor Raziel nos deixou a par das celeumas no Templo.

A presença do Mestre da Galileia trouxe debates entre os líderes religiosos, que presenciaram toda a cena com os vendilhões no recinto sagrado. O que demonstrava maior curiosidade era o mestre Nicodemos, um dos mais honrados e cultos. Ele parecia muito impressionado. Desde que o nazareno chegara à cidade, Nicodemos ia ouvi-lo quando ele vinha ousadamente ao Templo para ensinar. Já o chamava pelo nome: Jesus. Outras vezes, se juntava ao séquito desse Jesus, enquanto conversava e ensinava às pessoas nas ruas. Ele mesmo tinha muitas perguntas. A maior novidade era que o mestre fariseu Nicodemos, que sempre pareceu tão comedido, acabou se esgueirando para longe dos olhares julgadores e foi procurar o galileu na noite retrasada. Jesus recebeu aquele mestre da Lei, e ambos conversaram longamente. Pelo menos foi o que o próprio Raziel ouviu o mestre Nicodemos falar com seu amigo José, chegado recentemente da cidade de Arimateia para as celebrações. Raziel disse:

—Achei estranho um homem distinto como ele, um mestre sair à noite escondido para conversar com o nazareno. Quem é esse galileu? Sei que não é nenhuma autoridade, ninguém importante. Não entendo por que capturou a atenção de alguém como Nicodemos.

—É de fato curioso, senhor Raziel. E sobre o que eles conversaram?

—Bem, não consegui entender o que o mestre Nicodemos queria dizer. O que ele havia conversado com o galileu Jesus era muito confuso. Algo sobre nascer de novo. Acho que nem ele estava entendendo, porque disse a José que tinha muito a pensar sobre o significado das palavras do nazareno. Mas ele repetiu que estavam testemunhando o surgimento de algo novo em todo o Israel. Deus levantara um profeta, alguém que falava com autoridade e sabedoria como há muito não se via. Um líder que não repisava o caminho já percorrido por outros, mas abria uma trilha nova. Nicodemos via novas perspectivas no Mestre galileu. Ele disse sentir que Deus estava com ele. Isso me perturbou muito, senhor Oren.

—Bem, ao que parece, um simples *tekton* de Nazaré fez um mestre de Jerusalém refletir — disse meu pai.

—É isso que está me intrigando! Só sei que a conversa também incomodou José de Arimateia. Entendo que depois do que nazareno fez no Templo com os mercadores, talvez ele seja alguém violento.

—Amigo Raziel, eu já vi esse nazareno de perto e lhe asseguro que não se trata de uma pessoa violenta. Na verdade, ele me pareceu bem manso.

—Interessante! Foi o que o mestre Nicodemos também afirmou sobre o tal de Jesus. Ele disse que quando viu o galileu conversando com algumas pessoas na rua, e infiltrou-se entre elas, pôde ver que esse Jesus não aparentava ser um homem violento. Pelo contrário, sua presença era apaziguadora. Para minha surpresa, mestre Nicodemos até concordava com ele, dizendo que o Templo era lugar para quem vem cultuar a Deus, não para vendilhões. "Ali é nosso lugar de adoração a *Yahweh*. Nós nos acostumamos e fomos permissivos com esse desrespeito por falta de vontade de enfrentar um incômodo. Esse homem até nos fez um favor", disse ele a José.

—Bem, olhando por esse ponto de vista, mestre Nicodemos tem lá suas razões — disse meu pai, não querendo atiçar polêmicas.

—Outros que estiveram no Templo naquele dia, dizem que ele pode ser um novo Macabeu. Talvez se preparando para agir da mesma forma, quando os Macabeus conseguiram expulsar os gregos. Dizem que talvez esse Jesus quisesse fazer o mesmo com os romanos.

—Acho que não, senhor Raziel. Com os romanos é diferente. O povo tem medo deles, desde que fizeram Séforis virar pó depois da rebelião de Judá, filho de Ezequiel. A qualquer sinal de perigo, esses romanos podem fazer tudo de novo, com quem eles bem entenderem. Os romanos acreditam em impor seu poder pela violência, sua fé está no fio da espada e assim esperam lealdade dos povos conquistados. Mas fico pensando no que Anás diria disso?

—Ah, o sumo sacerdote diz que o galileu é um arruaceiro que criou uma grande encrenca com os mercadores no Templo e tipos como esse querem seu momento de glória.

—E parece que o galileu conseguiu. Talvez até mais do que isso, parece-me que ele conseguiu respeito. O povo nas ruas para a fim de ouvi-lo ensinar, mas não vejo o mesmo acontecer com Anás ou Caifás.

Raziel se aproximou, olhou para os lados e falou mais baixo.

—É verdade, amigo Oren, tenho que concordar. Ouvi Nicodemos dizer que esse Jesus ensina com autoridade e poder como há tempos não se via. Isso não é nada agradável para os líderes religiosos. Mas a maioria deles não acredita que alguém da Galileia tenha conteúdo, mínimo que seja, para ensinar ao povo de Jerusalém.

—O medo dos religiosos é criar uma situação que desagrade a Pilatos, algo que os deixe desconfortáveis e vulneráveis.

—Pilatos governa a Judeia, mas odeia os judeus. Isso irrita o povo. É natural que suscite revoltas. O que se poderia esperar? — disse Yesher, ao se intrometer na conversa.

Ele já tinha descarregado as botijas *Alef* e estava ouvindo a conversa, assim como eu. Raziel concordou.

—Como um oficial romano, ele é submisso ao imperador Tibério e fará qualquer coisa para que a Judeia seja seu trampolim político para saltar o mais alto que puder na hierarquia do império.

—Mesmo que isso inclua dizimar judeus ou qualquer outro obstáculo que ameace seus planos políticos junto ao imperador romano — falou meu irmão mais uma vez.

—O jovem está certo. Mas precisa ter cuidado com as palavras. Não é segredo que Pilatos é um político ambicioso, que não compreende o povo que governa. Mas ele pode ser impiedoso na sua vaidade. Bem, não percamos nosso tempo falando de um romano — disse Raziel voltando aos seus interesses.

—Eu quero mesmo é saber mais detalhes sobre esse galileu que transformou água em vinho no casamento em Caná. Vocês viram? Como foi que ele fez? Me contem mais o que viram! Vocês estavam lá, podem me dizer tudo, por favor! Ainda é difícil pensar que isso possa ter mesmo acontecido.

Meu pai disse a Raziel que era verdade. Para não ter que repetir aquela história, apontou para mim:

—A minha filha Haya presenciou o momento do milagre. Ela estava a poucos metros de Jesus e foi uma das primeiras a provar do vinho.

Levei um susto. Então, Raziel pediu que eu lhe contasse em detalhes que eu tinha visto. Em um instante eu passei de ouvinte a informante.

8

De Nazaré a Cafarnaum

*Passados dois dias, Jesus saiu dali
e foi para a Galileia. Porque o próprio Jesus
testemunhou que um profeta não tem honra
na sua própria terra. Assim, quando chegou à Galileia,
os galileus o receberam, porque viram todas
as coisas que Jesus tinha feito em Jerusalém,
por ocasião da festa, à qual eles também tinham
comparecido. Jesus foi outra vez a Caná da Galileia,
onde tinha transformado água em vinho.
E havia ali um oficial do rei, cujo filho
estava doente em Cafarnaum.*
(JOÃO 4:43-46)

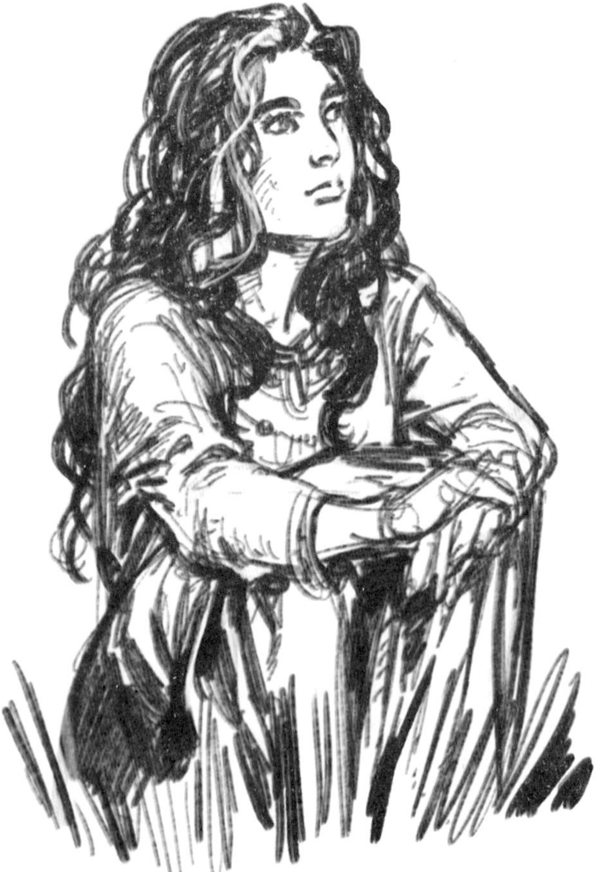

As notícias corriam rápido. Peregrinos que voltaram de Jerusalém, salpicaram a cidade de Caná com as novidades da capital da Judeia. Sem dúvida, a pior delas fora saber que João, o profeta do deserto, estava preso a mando de Herodes. A notícia da prisão de João Batista nos abateu. Ele continuara sua pregação audaciosa em Enom, perto de Salim, até o momento de sua prisão. Herodes pretendia calar a voz do que clama no deserto. Isso agradaria também aos radicais religiosos. Ninguém soube explicar como Herodes, o governador da Galileia, obteve permissão para se intrometer nas terras da Judeia, governada por Pilatos, para prender o profeta. *Interesses? Vista grossa?* Eu logo imaginei que não seria nada bom ficar falando do relacionamento entre o rei da Galileia, Herodes Antipas e a sua cunhada Herodias. Até pouco tempo ela era esposa de Herodes Felipe, o irmão de Antipas. Não seria a primeira, nem a última história desse tipo, mas não deixava de ser uma traição entre irmãos. O exemplo do rei era obscuro.

A história desse relacionamento entre Herodes Antipas e sua cunhada Herodias não era segredo. Discrição não era sua preocupação. Antipas, filho de Herodes o Grande, era vaidoso, extravagante e não deixaria passar despercebido uma de suas conquistas. Ninguém se atrevia a comentar abertamente, menos ainda apontar futilidades e erros no relacionamento entre os antigos cunhados. Ninguém estava disposto a comprar brigas com o rei. Ninguém exceto João, o único que não tinha medo de falar verdades e inserir em seus discursos as palavras pecado e adultério. A ousadia teve um preço. E nesse caso, o destino de João Batista estava selado, era o que diziam. Ele não sairia da prisão, pelo menos não com vida.

Ao saber da notícia da prisão do Batista, entristeci-me. Mesmo distante, acabei me afeiçoando ao profeta, talvez pelo seu jeito excêntrico de viver afastado no deserto, como os essênios. *Talvez eu mesma, caso pudesse, viveria assim, apartada de tudo que é aborrecido, um retiro à beira do rio, vida simples. Não, não! Isso não funcionaria. Não com aquela dieta. Gafanhotos? Cheios de patas? Será que são crocantes, pastosos ou elásticos?*

Ano retrasado, quando fomos a Jerusalém para as comemorações, eu estivera com Yesher e meus pais à beira do Jordão, na Judeia, para ouvir os ensinamentos de João Batista. Ali encontramos Natanael e Simão, nossos amigos que também viviam na nossa pequena cidade de Caná. Naquele dia eu pude ver o quanto João Batista era audacioso. Suas palavras tinham poder de chacoalhar a mente de qualquer um, pobre, rico, doutor ou iletrado. Algo como eu nunca presenciara antes. Sua voz era forte e volumosa, combinava com a sua aparência. Para mim ele se tornara o mais eloquente orador. Até que ouvi Jesus e percebi que suas palavras eram vivas, capazes de percorrer os reservados caminhos da mente e coração, chegar aos lugares mais fundos da sensibilidade, ali onde alma e espírito habitam e neles tocar, despertando essa porção mais íntima do ser, antes dormente, mas agora apta a se conectar com a eternidade de Deus. Eram mais que palavras. A maneira como Jesus falava tinha algo inédito. *Acho que isso é a presença de Deus!*

Cheguei a essa conclusão naqueles dias em que Jesus retornou a Caná. Para nós era um dia comum, como qualquer outro. Meu pai e Yesher estavam trabalhando no olival. Minha mãe e eu estávamos cuidando da horta, quando as servas voltaram com pressa do poço da entrada da cidade, carregando cântaros de água, falando alto, animadas contando que Jesus voltara a Caná. Por elas soubemos também que Jesus havia chegado à Galileia viajando pela estrada de Samaria. *Por que ele escolheu passar pela terra dos samaritanos? Por que ele não desviou como todos os judeus fazem? Nenhum judeu passa por lá!* O fato é que, para a maioria dos cananeus, os comentários sobre o retorno de Jesus à nossa cidade suplantaram as alusões ao Caminho dos Samaritanos por onde ele andou. As notícias sobre a prisão do profeta João poderiam se tornar desastrosas para um Rabi, como ele, que também tinha uma mensagem forte. Certamente, *Yahweh* lhe havia confiado uma missão em pleno desenvolvimento. Recentemente soube que Jesus e João Batista eram da mesma família, eram primos. Deus levantara dois profetas de uma vez só, depois de tanto tempo.

Deixamos a horta de lado e fomos procurar Jesus. Não foi difícil encontrá-lo. Apenas andamos até a aglomeração em torno dele. Gente que, assim como nós, queria ouvi-lo falar. Foi nesse dia que descobri que as palavras do Mestre enchiam minha alma com algo novo. O som da sua voz transmitia amor, gerava confiança capaz de lançar fora o medo. *Sim, era isso! Sensação de falta de medo.* Suas palavras davam esperança e uma paz inexplicável. Eu poderia passar horas ouvindo Jesus falar. E foi assim durante aquele tempo em que o Mestre ficou em Caná. Aquele sentimento bom esmaeceu-se assim que vi um homem vindo em linha reta, pisando duro em direção a Jesus. Ele vestia o uniforme de oficial do rei Antipas. Seus discípulos se agitaram, temeram pela vida do Mestre, queriam escondê-lo. Talvez o oficial estivesse ali para prendê-lo, assim como acontecera com João Batista, por ordem de Antipas. Ele se aproximava com pressa e percebi que seu rosto comunicava algo diferente. Olhei de volta para Jesus. Ele sequer se mexeu. Tranquilo, aguardou a chegada do homem. Assim que alcançou o nazareno, ficou claro que o propósito daquele oficial não era contra Jesus. Pelo contrário, as palavras que saíram de sua boca soaram mais como uma oração.

—Eu estive te procurando, Mestre. Sei que tu és Jesus de Nazaré. Vim de Cafarnaum assim que mensageiros me informaram que tu estavas em Caná. Estou aqui para te suplicar por meu filho, ele está à beira da morte. Os médicos disseram que não há nada que se possa fazer. Tu és minha esperança, Jesus! Eu acredito que tu podes curá-lo. Senhor, por favor, vem antes que meu filho morra!

Uma atmosfera de comoção encheu o lugar. Era a súplica de um homem desesperado. Naquele momento, na mesma cidade em que havia realizado seu primeiro milagre, Jesus dá uma nova ordem: "Pode voltar para sua casa. O seu filho continuará vivo." *Olhei aquilo sem entender bem o que estava se passando. Mas o quê? É só isso? Essa é a resposta que o Mestre dá ao sofrimento desse homem? Tão simples? É essa a sua resposta?* Continuei olhando aquela cena. Um oficial lacrimoso olhava para Jesus. Durou um breve instante como se encontrasse nos olhos do Mestre algo que só ele vira. *E agora? O que oficial fará?* Aguardei pela reação do homem. Apoiei-me no cajado e busquei um lugar que me desse melhor visão entre as pessoas. Quando consegui espaço, o oficial havia acabado de partir. Aonde ele vai? Alguns comentaram que ele simplesmente partira de volta para casa, em Cafarnaum. *Será que perdi algo? Será que o oficial encontrou o que veio buscar?*

De boca em boca, os galileus falavam a respeito de Jesus. O *tekton* da irrelevante Nazaré estava se tornando célebre. Pessoas começaram a procurá-lo e segui-lo por onde Ele andava. Mesmo que eu quisesse, não tinha como seguir o Mestre, então, ia colecionando comentários e notícias que chegavam pelos viajantes.

Alguns dias se passaram até que um mercador chegou de Cafarnaum. Peguei meu cajado e preparei-me para ir à rua junto com meus pais para ver o que o comerciante trouxera para vender, mas o que eu estava interessada mesmo era em saber se ele além de mercadorias, havia trazido novidades em sua bagagem. *Será que ele teria a resposta à curiosidade que coçava minha mente?* Ao redor de sua caravana já havia pessoas se ajuntando. As notícias que ele trouxe confirmaram que a última visita de Jesus à nossa cidade havia resultado em mais uma surpresa. Assim soubemos que o oficial do rei foi alcançado por um mensageiro na metade do caminho de volta. Os quase 30 quilômetros que separavam Caná da cidade de Cafarnaum, pareceram abreviados naquele dia para o oficial, pois ao voltar para sua casa em Cafarnaum, a notícia do mensageiro confirmou o que Jesus lhe dissera: "Seu filho está bem! Ele está curado! Um milagre aconteceu!", dizia o rapaz para o oficial. "O que aquilo significava?", era o que todos se perguntavam. Como alguém poderia fazer um milagre a distância.

Eu não compreendia: como Jesus pôde curar o menino, se ele nem estava ali presente? Nós não imaginávamos que algo fantástico assim pudesse acontecer. *Jesus podia curar até mesmo a distância? A sua palavra tinha essa força, esse poder?* Era espantoso que o Mestre pudesse realizar milagres tanto de perto quanto de longe. Ele respondeu à fé daquele pai inconformado com a morte espreitando seu filho, com um milagre. Minha mãe disse que o amor pelo filho o fez procurar Jesus numa jornada de fé. Cada passo foi empurrado pela esperança. Seu filho não tinha condições de enfrentar essa jornada, não tinha forças, mas seu pai encarou o desafio e se tornou seu representante, seu intercessor. E Jesus o curou. Esse foi o segundo milagre que Jesus realizava na nossa cidade de Caná. *Já entendi que ele é profeta, mas será que Ele poderia ser o Messias?* O meu deslumbramento só crescia.

> *Jesus foi para Nazaré, onde havia sido criado.*
> *Num sábado, entrou na sinagoga,*
> *segundo o seu costume, e levantou-se para ler.*
> (LUCAS 4:16)

Enquanto estávamos maravilhados em Caná, alegres com a notícia da cura daquele menino, Jesus continuava sua peregrinação pela região. Nem imaginávamos o que estava para acontecer em Nazaré com a chegada de Jesus. Com a popularidade de Jesus, Nazaré passou a fazer parte das conversas com mais frequência. Yesher tinha um amigo, Natanael, cananeu como nós. Eles haviam crescido praticamente juntos e ele esporadicamente visitava a nossa casa. Várias vezes ouvi esses dois dizerem que nada de bom poderia sair de Nazaré. Era da natureza de Yesher ser desconfiado, assim como seu amigo Natanael. Surpreendeu-nos saber que ele próprio havia se tornado um discípulo do Mestre nazareno e agora viajava com o grupo de discípulos, de cidade em cidade onde Jesus ia ensinar. *O que havia nesse homem que atraía a atenção até mesmo de quem sequer demonstrava fé?*

Natanael nos contou que tudo começou quando esteve na Judeia e procurou o profeta João, o batista, para ouvir sua pregação. Foi nas margens do rio Jordão que vira Jesus pela primeira vez. João apresentou Jesus, dizendo: "Eis o Cordeiro de Deus que tira o pecado do mundo". Natanael disse que, assim que ouviu João dizer essa frase, veio-lhe à mente o peso do símbolo que a palavra "cordeiro" tinha na história do nosso povo. Eu concordei com ele, porque a mim vieram as lembranças das histórias que ouvi desde criança. A primeira memória vinha do Jardim do Éden, quando Deus costurou roupas de pele de animal para cobrir a nudez de Adão e Eva, antes de saírem de lá para nunca mais pisarem naquele solo. Era pele de cordeiro? Talvez, não sei. Para mim era. A segunda memória estava ligada a Abraão, quando Deus providenciou um cordeiro para tomar o lugar de Isaque, naquele episódio inquietante no alto do monte Moriá. A terceira memória estava ligada à história de Moisés. Na última das dez pragas do Egito, Deus orientou Moisés a dizer ao povo que pintasse os umbrais das portas de suas casas com o sangue de um cordeiro. Esse seria o sinal que impediria o anjo da morte entrar. Desse livramento milagroso aconteceu a primeira Páscoa. Na nossa história, uma ideia foi se fortalecendo: sem derramamento de sangue, não haveria remissão de pecados.

E, agora, João Batista tinha dito: "Eis o Cordeiro". É certo que da mesma forma que essas histórias marcantes do nosso povo voltaram à mente de Natanael e à minha, também emergiram na memória de todos os que estavam ali ouvindo na beira do rio. *O que João Batista estava querendo dizer com aquilo? Não sei se eu estava entendendo bem. Era muito para se pensar.* Natanael continuou. Disse que Jesus quis ser batizado no rio Jordão por João, Ele mesmo pediu, ainda que João não quisesse, por não se achar à altura da tarefa. Enfim, foi convencido por Jesus. Assim que o Mestre saiu das águas, ouviu-se uma voz que parecia vir dos céus dizendo: "Eis o meu Filho amado em quem me agradou." As pessoas nem podiam acreditar que era real e se agitaram.

    Natanael e Yesher acabaram tomando caminhos opostos. Natanael se tornou discípulo do pacificador Jesus, e Yesher começou amizade com um grupo de zelotes. Foi nesse grupo que Yesher conheceu Simão. Ouvimos dele recentemente, quando veio comprar azeite em nossa propriedade, notícias que não eram sobre política ou sobre planos para enfrentar os romanos, como era seu costume. Simão, o zelote, falava sobre Jesus. *Mas o que um zelote como Simão tem a ver com um Mestre como Jesus?* Ele disse que, antes de vir para o casamento em Caná, Jesus havia passado quarenta dias no deserto em jejum e oração, preparando-se. *Para o quê exatamente?* Simão nos contou que, depois disso, Jesus começou a sua pregação e a fazer sinais. O primeiro deles foi naquele dia em que transformara água em vinho. Pude perceber que, tanto Simão quanto Natanael, estavam impressionados com o que Jesus fizera e disseram que havia algo diferente naquele homem. Sua autoridade, suas palavras, o poder que ele demonstrava, suas atitudes tudo era diferente de um homem comum. Deus estava com ele. Eu só podia dizer que, de fato, Natanael e Simão haviam visto algo diferente em Jesus, porque se tornaram seus seguidores e discípulos.

    Isso fez meu irmão ficar indignado com seus amigos. Yesher repetia que não precisávamos de uma cantilena molenga sobre amor e paz. Nós precisávamos nos livrar dos romanos. E isso era guerra. Precisávamos de homens firmes e corajosos, hábeis com uma espada e uma adaga e não de filosofia religiosa. Yesher ficou ainda mais contrariado quando Simão lhe contou que quando Jesus e seus discípulos passaram por dentro da Samaria, o caminho mais curto entre Judeia e Galileia, houve algo espantoso. Jesus parou no poço da cidade de Sicar e pediu água a uma mulher com quem conversou em público. Ora, dentro dos nossos costumes um homem judeu não deveria conversar com uma mulher em público, mesmo que ela fosse judia. Mas em se tratando de uma samaritana, era impensável! Segundo Simão, Jesus não parecia nem um pouco preocupado com isso. *Yesher pode não ter gostado do que Jesus fez, mas eu achei incrível!* O resultado dessa conversa é que a mulher, admirada, chamou as pessoas de seu vilarejo para ouvirem Jesus, o profeta. *Jesus conversou e ensinou aos samaritanos, o povo desprezado? Com quem mais ele estaria disposto a falar?*

Desde as bodas em Caná, a Galileia fervilhava em comentários de "especialistas" a respeito do nazareno. Seria mesmo verdade que depois de tanto tempo, surgira um novo profeta? Era inegável que ele exercia seu ministério com domínio da palavra. Ele também estava demonstrando que tinha poder para realizar sinais e dois deles eu presenciei aqui na minha cidade. Tudo isso fazia o povo ficar cada vez mais curiosamente atraído por Jesus. Aonde quer que ele fosse, uma multidão se formava ao seu redor. As pessoas estavam interessadas em ver e receber seus milagres.

Depois de viajar por muitas cidades e passar algum tempo na região de Betânia, na Judeia, Jesus voltou para a Galileia e foi a Nazaré, cidade onde morou a maior parte de sua vida com sua família. Ali Jesus aprendera com José, seu pai, o ofício de *tekton* na oficina junto de sua casa, onde seu pai, o jovem Jesus e seus irmãos mais novos passavam seus dias trabalhando. Madeiras eram um recurso escasso na nossa região, então quando alguém derrubava árvores, *tekton*s como José se mobilizavam para comprar o que pudessem. Dessa forma, nos fundos de sua oficina José mantinha um pequeno estoque de madeiras para realizar os serviços de construção e marcenaria para os quais era chamado não só em Nazaré, mas também em Caná e principalmente em Séforis. Apesar de ser praticamente um vilarejo, Nazaré conseguiu reunir o *minian*, o número mínimo de dez homens judeus adultos, suficiente para se fundar a sinagoga em uma cidade.

Naqueles dias, quando Jesus retornou a Nazaré, durante o *Shabat*, os nazarenos lotaram a sinagoga. Mesmo em uma cidade tão pequena como Nazaré, Jesus atraía grande número de pessoas. Havia algumas pessoas de Caná e também de Séforis, o que por elas se localizarem tão próximas de Nazaré, permitia uma caminhada menos cansativa. Ali estavam reunidos homens que estiveram no casamento em Caná, bem como alguns que presenciaram a ordem de cura do menino de Cafarnaum. Há algum tempo corria o falatório sobre os milagres que Jesus fizera, do mesmo modo que as questões a respeito dos seus ensinos. Por certo, estavam curiosos para ver e ouvir o que Jesus tinha a dizer. Os nazarenos conheciam o rapaz que crescera entre eles e estivera ali na sinagoga com seu pai diversas vezes. Eles sabiam quem era o *tekton* filho de José. Agora eles queriam conhecer quem era o profeta que fazia sinais. No fundo da humilde sinagoga, um grupo de mulheres se reuniu silenciosamente para acompanhar a cerimônia.

Maria estava entre elas. Ambiente lotado, todos entraram e tomaram assentos nas bancadas em redor do pequeno salão de reuniões. Jesus entrou com eles.

A liturgia habitual começou. O chefe da sinagoga deu as boas-vindas a todos e conduziu, em primeiro lugar, a declaração recitada em conjunto: "Ouve, ó Israel, o SENHOR é nosso Deus, o SENHOR é único". Após isso, em silêncio, os presentes aguardaram que o dirigente conduzisse a *Parashah*, a leitura de um trecho da Torá em hebraico. O leitor permanecia em pé, com toda a reverência. Em seguida a cada leitura, foi feita a tradução do texto lido do hebraico para o aramaico, a língua do dia a dia.

Terminada a leitura, esse pergaminho foi guardado numa urna atrás do local de leitura. Outro rolo das Escrituras foi retirado para nova leitura, a *Haftarah*, a leitura de um dos livros dos profetas. Essa não era a parte que os saduceus mais gostavam. Como eram poucos, já que a maioria ali era de fariseus, não costumava haver tantas controvérsias sobre certos aspectos doutrinários divergentes entre ambos os grupos. A leitura das Escrituras se completava em três anos e um novo ciclo recomeçaria.

A liturgia prosseguiu. Chegou o momento que os nazarenos estavam esperando. Era costume o dirigente da sinagoga dar a honra a um dos presentes, para que lesse um trecho das Escrituras, sobretudo se entre eles estivesse um mestre ou sacerdote em visita à sinagoga, alguém com reconhecido saber. O convidado ilustre poderia expor um trecho das Escrituras e comentá-lo, oferecendo uma aplicação do texto lido. Naquele dia, essa honra foi dada a Jesus. Os presentes estavam esperando por isso. Com o livro do profeta Isaías em mãos, reverente, o Mestre nazareno escolheu o trecho sobre o ungido de *Yahweh*.

> *O Espírito do* Senhor *Deus está sobre mim,*
> *porque o* Senhor *me ungiu para*
> *pregar boas-novas aos pobres,*
> *enviou-me a curar os quebrantados de coração,*
> *a proclamar libertação aos cativos*
> *e a pôr em liberdade os algemados,*
> *a apregoar o ano aceitável do* Senhor*...*
> (ISAÍAS 61:1-2)

Assim que terminou de ler, Jesus fechou o pergaminho, devolveu-o ao assistente. Era grande a expectativa pela exposição que Jesus teria a fazer sobre aquele texto tão conhecido dos judeus, que falava sobre as boas-novas da salvação. Natanael nos disse que estava ao mesmo tempo curioso e apreensivo. "Será que Ele vai dizer o que eu estou pensando?", disse Natanael a Simão, que estava a seu lado. Simão não respondeu. Sequer piscou até que o suspense acabou. Jesus olhou para os rostos das pessoas e disse: "Hoje se cumpriu a Escritura que vocês acabaram de ouvir".

Naquele momento, a curiosidade acabou. Em seu lugar veio espanto. Do espanto foi crescendo a confusão. No momento seguinte, a admiração das pessoas havia se transformado em ofensa. As palavras tão esperadas de Jesus foram ouvidas como ultraje. Natanael e Simão se preocupavam com o desfecho a que aquele momento levaria. Os homens se levantaram e começaram a dizer que na Galileia se ouvia muito a respeito do Mestre, que suas palavras eram recheadas de graça, como há tempos não se ouvia, porém não era aquilo o que os nazarenos esperavam. "Não é este o filho de José?", perguntavam-se. Aquele homem que ali estava era seu conhecido, pois o haviam visto crescer, correr e brincar quando menino, conviveram com sua família, compadeceram-se quando José faleceu, viram-no trabalhar na oficina, como o *tekton* que Ele se tornara. Assim, consideraram-no arrogante.

Jesus não estava alheio à agitação, porém não se intimidou. Continuou o discurso. Rebatendo, disse que Nazaré não estava preparada para ver as mesmas manifestações que outras cidades viram e veriam, porque não lhe creditavam valor. Mais um profeta em sua terra estava sendo rejeitado, como outros na história de Israel e Judá. Essas palavras cravaram o desgosto inapelável na audiência da sinagoga. Aquele era o filho de José, um nazareno tão comum quanto eles. Os homens ali reunidos julgaram um atrevimento se comparar a um profeta da importância de Elias ou Eliseu. Estava ali diante deles o nazareno que ousou associar seu nome ao dos profetas e esse desplante não seria tolerado.

O ambiente foi se aquecendo com a raiva dos homens de Nazaré de rostos enrubescidos. O volume dos murmúrios se elevou aos gritos. Não seria naquele dia que a recitação da bênção sacerdotal de Arão encerraria os serviços religiosos. Logo, os homens o cercaram para expulsá-lo da sinagoga. Não lhes parecia suficiente. No tumulto, com os ânimos acirrados, foram levando Jesus até o topo de uma colina. Os discípulos eram minoria e não conseguiam impedir os nazarenos. Junto das mulheres, enquanto eram acotoveladas no meio do tumulto, Maria gritava que nada fizessem a seu filho.

Os nazarenos estavam furiosos, surdos, uma massa impensante, inconsequente. Desejavam jogar Jesus ribanceira abaixo sobre as pedras pontiagudas, para, em seguida, lá de cima, apedrejá-lo até a morte. Mas chegando ali, nada fizeram, por alguma razão inexplicável. Jesus passou entre as pessoas e se retirou. Talvez lhes tenha irrompido um laivo de lucidez. Ou tenham lembrado que apenas os romanos tinham o direito legal de executar a pena de morte. Ou ainda que a Lei judaica exigia julgamento justo antes da condenação. Ademais, era o dia do *Shabat*. Já bastava!

Esse episódio deixou claro que não havia mais razão para que Jesus permanecesse na cidade onde vivera com sua família por tantos anos. De Nazaré, Jesus levaria as lembranças de sua idade mais tenra, as comidas preparadas por sua mãe, o trabalho que aprendera com seu pai, as brincadeiras com seus irmãos, irmãs e amigos de infância. Realmente, um profeta na sua terra não recebia honra. Jesus deixou Nazaré de mudança para Cafarnaum, cidade grande a pouco mais de trinta quilômetros de distância de Caná, um dia de viagem em caminhada vigorosa.

Na primeira vez em que estive lá, fomos entregar pessoalmente uma encomenda de azeite a um mercador chamado Shmuel. Ele comprara algumas botijas certa vez, ao voltar de uma viagem à Séforis, passando por Caná. Pouco tempo depois, ele enviou mensageiro ao meu pai, encomendando mais botijas, porque as que ele tinha levado, acabaram muito rápido em seu comércio. Nós estávamos com uma produção em andamento e quando envasilhamos a quantidade que Shmuel pedira, fomos para Cafarnaum fazer a entrega. Foi nessa ocasião que minha mãe conheceu a senhora Tahir, esposa de Shmuel, a mulher que preparava o melhor peixe salgado que minha mãe dizia já ter provado. E, realmente, Tahir fazia seu ofício com muito capricho. Ela mesma nos contou que seu segredo era um tempero especial que adicionava ao sal. Claro que, sendo esse preparo sua especialidade, Tahir mantinha sua fórmula em sigilo. Foi por causa desse peixe salgado que minha mãe e Tahir ficaram amigas.

Não sei dizer se era Séforis ou Cafarnaum a cidade que eu mais gostava de visitar. O ar em Cafarnaum era diferente. A brisa vinda do enorme lago estava sempre movimentando as folhas das palmeiras que ficavam perto da praia. De braços dados para me dar apoio, nós passeávamos à beira do mar da Galileia admirando aquela quantidade de água, que parecia sem fim. Eu não compreendia como era possível ela não sumir para dentro da terra. Ninguém sabia me explicar. Eu gostava de andar ali e molhar meus pés, afundá-los na areia, sentir as pequenas ondas baterem no meu tornozelo e olhar os barcos que cruzavam as águas trazendo passageiros da travessia do lago, vindos de outras cidades. Eu gostaria muito de poder viajar em um barco. *Como deve ser flutuar sobre as águas?* Muitos barcos dos pescadores ficavam ancorados na beira do lago, enquanto as redes eram lavadas e costuradas, quando suas cordas se rompiam pelo atrito contra a madeira do barco, ao serem puxadas com o peso dos peixes.

Assim era Cafarnaum, uma cidade pesqueira às margens do mar da Galileia, cosmopolita, movimentada, itinerário de caravanas de mercadores judeus e gentios, o que fazia dela um local onde circulavam muitas ideias do nosso tempo. Parecia um lugar estratégico para desenvolver o ministério profético de Jesus. Por toda a província da Galileia as notícias sobre

Jesus não paravam de circular. "Quem é esse que curou o filho do oficial mesmo estando a distância?", dizia o povo. Enquanto Cafarnaum se agitava entusiasmada com esse milagre de cura do filho do oficial do rei, o povo de Nazaré sofria efeito contrário, desprezando o Mestre.

Dentre a multidão que o seguia, Jesus estava consolidando um pequeno grupo de discípulos, em nada parecido com os discípulos abastados e cultos dos mestres da Lei que eram vistos circulando pelo Templo em Jerusalém. De início, parecia que, como tantos outros, talvez esses galileus estivessem impressionados com Jesus e seu interesse fosse descobrir quem ele era, o que tinha a dizer. Boatos não faltavam. Porém, bastou algum tempo mais perto de Jesus, para aceitarem se tornar discípulos assíduos. Aos olhos do povo, aqueles eram homens improváveis para um mestre querer ter como aprendizes. Mas, por alguma razão Jesus os escolheu. Foi assim que homens simples e pouco letrados, sem refinamento, passaram a fazer parte do pequeno grupo de discípulos mais próximos de Jesus. Dentre eles havia pescadores, um publicano e um zelote. À frente deles, estava o homem que havia transformado a água em vinho, curado o filho do oficial do rei, o profeta sobre quem todos comentavam. Se Jesus os tinha chamado, era porque havia mais a ensinar e, certamente, mais sinais a mostrar. Sinais. Era o que atraía a maioria que se aproximava dele.

As rotas comerciais que cruzavam a Galileia eram também vias de comunicação por onde circulavam mercadorias, mensagens e notícias. Era assim que em Caná ficávamos sabendo dos acontecimentos. Não foi diferente naquele dia sob o sol da Galileia. Nossa família havia saído para encontrar a caravana de mercadores que havia feito uma parada na cidade. A passagem de um comboio de comerciantes era certeza de agitação entre os moradores. As ruas logo ficavam cheias de gente esperando para ver os artigos trazidos pelos mercadores. Aquela caravana estava vindo de Cafarnaum. Nosso amigo Shmuel deveria estar nela. Fomos procurá-lo e logo avistamos sua carroça.

—*Shalom*, Shmuel — disse meu pai.

—*Shalom*, Oren! *Shalom*, meus amigos! Que prazer rever vocês!

Shmuel desceu da carroça e cumprimentou a todos nós, gentil como sempre.

—Quanto tempo não nos víamos, amigo!

—Sim, é verdade, Oren. Vocês não foram mais a Cafarnaum. Temos sentido sua falta.

—A produção do azeite tem nos tomado muito tempo. Você sabe, estamos trabalhando no olival jovem também. Temos mais trabalho.

—Tahir não veio dessa vez? Ela está bem? — perguntou minha mãe.

—Tahir está bem, sim. Obrigado, Naamah. Ela precisou ficar para ajudar a cuidar de nosso netinho.

—Ah! Shmuel, meus parabéns! Abençoada seja essa criança e que ela lhes traga muita felicidade e alegria!

—Que assim seja, Naamah!

—Que notícia ótima!

—Obrigado, Oren! Uma criança sempre nos traz alegrias, principalmente quando começam com suas risadinhas e conversas. Mas, meus amigos, vim trazer a vocês algo precioso. Vocês foram os primeiros em que pensei quando comprei esse carregamento de peixe. Venham!

Voltando-se para a carroça, Shmuel começa a buscar entre os pertences no fundo da carroça e nós o rodeamos para ver a novidade.

—Shmuel, você chegou em boa hora. Nossos peixes salgados acabaram e, você sabe que não há nenhum melhor do que os que minha amiga Tahir prepara — falou minha mãe.

—Mamãe diz sempre que são os melhores! — eu disse.

—Ah, vocês são mesmo bondosos conosco. É o segredo do preparo da minha Tahir. Eu reservei para vocês as melhores peças. As pessoas queriam comprar tudo.

Shmuel procurava um embrulho grande, que guardara escondido em sua carroça, embaixo dos outros objetos que levava.

—Vejam! Aqui está.

Shmuel entregou à minha mãe os peixes embrulhados em um pano amarrado com cordas finas.

—Um capricho como sempre, Shmuel! Sei que foram preparados com tanto cuidado — disse minha mãe, ao ver o embrulho com os peixes desidratados.

—E esse pacotinho aqui é um presente da minha Tahir, para você, Naamah. São especiarias. Ela disse que sua amiga Naamah iria gostar muito e me pediu para entregar em suas mãos com cuidado. São para você preparar seu peixe.

Minha mãe entregou o pacote dos peixes para meu pai e pegou o outro pacote.

—Ah! Shmuel, vocês são amigos que nos abençoam. Muito obrigada! Tahir é uma mulher maravilhosa, uma ótima amiga! Sinto-me abençoada com a amizade de Tahir e sua também. Trouxe aqui comigo um presente para minha amiga. Gostaria que você levasse um frasco com perfume e outro frasco de unguento medicinal. Eu mesma os preparei. Leve esse nosso presente e a nossa amizade.

—Muito obrigado! *Yahweh* nos abençoou com essa amizade. Que nossos laços sejam por Ele fortalecidos cada vez mais. Sei que Tahir vai gostar de seu presente. Vim para vender meu peixe e sou tão abençoado assim. Bem, mas também vim para comprar seu azeite, Oren. Seu produto tem muito boa fama entre os meus clientes. Vendo muito bem!

—Claro! Shmuel, venha até nossa casa. Você é nosso hóspede. Traga seus empregados. Temos água fresca para vocês. Prepararemos a ceia e você ficará conosco. Você é bem-vindo — disse meu pai.

—Amigo, ficarei aqui em Caná apenas o tempo que a caravana decidir, vou precisar seguir para Séforis com o grupo. Viajar com carregamento está cada vez mais perigoso. Os bandidos estão ousados e sem medo de usar a espada e nem sempre temos soldados por perto. Se é que eles estariam preocupados com isso.

—Está certo. Precaução nesses dias é sempre bom.

—Eu posso ajudar os empregados a cuidar de suas coisas. Vou ajudar a levar tudo até nossa casa e vocês podem ir na frente, se quiserem — disse Yesher.

—Seria muito bom, obrigado.

Yesher gostava do movimento que os mercadores produziam na vida da pacata Caná e ficar ali conversando, para ele, seria melhor do que ir para casa. Andar entre as carroças, ver os produtos que elas carregavam, ouvir as notícias era sempre uma diversão, quebrava a rotina.

—Mas amigo, conte-nos quais são as boas-novas de Cafarnaum? — perguntou meu pai, enquanto caminhávamos para nossa casa.

Eu permanecia atenta a tudo. Não queria perder nada. Eles conversaram sobre a loucura de Herodes com os altos impostos, reclamaram da política opressiva de Roma e o quanto desejavam ser livres. Shmuel, dono de um bom humor, sempre dava um jeito de fazer piada com essas situações. Trouxe ainda algumas notícias sobre novidades no comércio e como a presença de estrangeiros na cidade influenciava a vida. Enfim, ele contou a notícia que estava causando a maior comoção na cidade: a cura do filho do oficial do rei. Estiquei meus ouvidos para não perder nenhuma palavra. Era isso mesmo que eu queria saber.

Shmuel, como mercador, conversava com muita gente, por isso, tomava conhecimento de muitas coisas. Ele podia nos contar em detalhes tudo o que ouvira e também o que ele mesmo havia visto. A sua versão seria a mais completa que teríamos. Ele nos contou que o oficial estava desesperado, antevendo a perda do filho para aquela doença. Devido ao estado do menino, a sua saída de casa naquele momento não foi bem aceita. Muitos criticaram. Diziam "como um pai abandona seu filho doente numa hora dessas?".

Algum tempo após sua partida à procura do Mestre nazareno, algo aconteceu e inexplicavelmente o menino se levantou de sua cama. Ele estava bom. As pessoas que estavam ajudando a cuidar dele nada entenderam. Até que a mãe, em lágrimas, agarrou-se ao menino e agradeceu a Deus. "Um milagre!", era o que ela repetia. O destino de morte que parecia inevitável fora modificado. A mãe enviou um mensageiro para avisar o pai. Na estrada, caminho de volta a Cafarnaum, o mensageiro encontrou o oficial e lhe disse: "Foi um milagre!".

Os ventos das boas-novas de cura trouxeram o oficial ansiosamente para casa ao reencontro com o filho curado. A história que esse pai tinha a contar causou espanto: Jesus dera uma ordem de cura ao filho dele e, mesmo estando longe na cidade de Caná, o milagre o alcançou a 30 quilômetros de distância. O antes sisudo oficial era agora um homem que transparecia felicidade. Parece que o milagre o modificara.

—Um menino foi curado a distância pelo mesmo profeta que transformou a água em vinho. Caná foi agraciada duas vezes. Nem é preciso dizer o quanto essa história foi comentada em Cafarnaum. E, então, sem que ninguém esperasse, o mesmo Jesus, havia chegado a Cafarnaum. Era ali que Ele ia morar. Como vocês podem supor, desde sua chegada, a cidade não foi mais a mesma. Multidões iam atrás dele, onde estivesse.

—No meio do pequeno grupo de discípulos de Jesus há dois homens de Caná: Natanael e Simão — disse meu pai.

—É curioso, Oren. Não há escribas, nem mestres, nenhum doutor da Lei entre eles — respondeu meu pai.

—Ele escolheu pessoas improváveis para seus discípulos. Não sei como eles poderiam contribuir para o ministério dele. Se Jesus tivesse algo a ensinar, teria que fazê-lo primeiro àqueles homens iletrados que o seguiam.

—O que Jesus viu naquela gente? Não entendo, Shmuel.

—Era o que eu me perguntava até que algo aconteceu.

Shmuel continuou nos contando algo que lhe chamou muito a atenção. Ali mesmo no mar da Galileia, esses pescadores haviam passado uma noite inteira mar adentro, jogando as redes em direções diferentes, navegando por vários pontos do lago, procurando um bom pesqueiro, porém nada conseguiram. Mesmo pescadores experientes como eles tinham seu dia de infortúnio. Eles insistiram o quanto puderam. Nenhum peixe caiu em suas redes. Já estava começando a clarear, e outros barcos voltavam para a praia com suas cargas. Mas para eles aquele não estava sendo um bom dia de pesca. Com os braços doídos e o corpo cansado de puxar em vão as redes, a desolação de uma noite inteira de trabalho inútil os abateu.

Amanheceu. O sol irrompia no horizonte líquido. Lá da praia, uma silhueta se iluminou com os raios do sol nascente. Alguém os observava. Logo, os pescadores ouviram a voz que vinha lá da praia. O homem lhes dizia para jogar a rede onde as águas eram mais profundas. Apontou o lugar. Após terem trabalhado durante a noite toda sem resultado, aqueles experientes pescadores suspiraram com um sorriso breve. Tinham a certeza de que todos os pontos pesqueiros daquele lado do lago já haviam sido explorados. O que teria a acrescentar alguém que aparentava nem ser pescador? Alguém que nada entendia do mar? "Bem, quem nada tem, nada tem a perder", disseram.

Então, mesmo incrédulos, seguiram a orientação. Navegaram até o ponto indicado e jogaram as redes. Aconteceu que, inesperadamente, o barco pendeu e as redes quase se rasgaram pelo peso dos peixes que puxaram de dentro do imenso lago. Eram muitos! Pediram apoio aos seus amigos do barco vizinho para poder carregar tudo o que tinham pescado. Os pescadores, surpresos com aquilo, viram seu barco chegar lotado à beira da praia. Eles já sabiam quem era o homem na praia. Era o Mestre. Apoitaram a embarcação, apressaram-se a encontrá-lo, e Ele lhes disse que nada temessem, doravante, eles se tornariam pescadores de gente, suas redes seriam cheias, sua pesca seria maravilhosa como a que tinham acabado de fazer. "Sigam-me", foi o que Jesus disse.

—Os peixes que eu lhes trouxe vieram dessa pescaria. São os peixes do milagre de Jesus, que estou lhes trazendo — disse Shmuel.

De repente, sentimos que na prateleira dentro de nossa casa, tínhamos um milagre. Shmuel prosseguiu e nos contou ainda que na sinagoga de Cafarnaum, todos estavam maravilhados com o seu ensino. Havia nele uma autoridade que não se via nos mestres da Lei. É claro que isso os incomodava. No último sábado, como de costume, reunimo-nos na sinagoga. Estava lotada.

—Quando ele ia falar ali dentro da sinagoga, do meio dos presentes, levantou-se um homem possuído por um espírito imundo e o desafiou perante todos. Vocês podem imaginar como aquilo perturbou o ambiente. Os homens correram, saindo de perto. O burburinho tomou conta. Quem imaginaria aquilo dentro de uma sinagoga?

—Dentro da sinagoga? Isso não poderia acontecer! — eu disse.

—Bem, a porta está aberta. Nunca se sabe o que pode entrar — disse minha mãe.

—Mas o mais curioso vem a seguir. Só posso dizer que nada semelhante se viu. Inabalável, Jesus o repreendeu: 'Cale-se e saia dele!', foi tudo o que o Mestre disse.

—E isso foi o suficiente? Ele não fez o ritual de expulsão que os mestres da Lei costumavam fazer nessas situações? — perguntou meu pai.

—Não, Oren. Nada! Jesus sequer perguntou o nome daquele ali diante dele. Assim mesmo, expulsou-o. O homem foi liberto.

—Mas ele não o nominou? Como pôde dominar o espírito maligno sem saber seu nome? Como pôde o expulsar?

—Apenas o mandou calar-se e sair. Nada mais, Oren. E todos ficaram tão admirados quanto você está agora.

Shmuel tinha ainda mais para nos contar. Ele disse que em outra ocasião, na casa de Simão Pedro, a sogra deste estava acamada, muito doente, com febre, seu estado só piorava e acabou ficando mal à morte. Jesus a tomou pela mão e ajudou-a a se levantar. Ela estava curada! De tão disposta, em seguida, cheia de gratidão, ela já começou a servi-los, arrumou a mesa, preparou a ceia, trouxe água e vinho. Não sabia como agradecer. Apenas os servia feliz.

Tudo o que Jesus fazia se espalhava na velocidade do vento. Não levou muito tempo para se formar uma multidão à porta da casa de Pedro. Ali estavam muitos doentes e também foram trazidas pessoas perturbadas por espíritos para serem curadas e libertas por Jesus. O Mestre não costumava ficar apenas em Cafarnaum. Ele e seus discípulos seguidores saíam para pregar por toda a região da Galileia, ensinando nas sinagogas, anunciando que as boas-novas do Reino de Deus haviam chegado, e Jesus fazia mais sinais, curas e milagres.

Uma multidão começou a acompanhá-lo por onde ia. Eram pessoas da Galileia, como também vindas da Síria, Decápolis, Judeia e mesmo da capital, Jerusalém. Pessoas até de regiões do outro lado do Jordão estavam vindo procurá-lo. Muito se falava sobre ele. As pessoas desejavam conhecê-lo.

Ouvindo tudo o que Shmuel nos contava, dei-me conta de que estávamos ali sabendo notícias sobre o mesmo homem que conhecêramos como um simples *tekton* há alguns anos. *Quem é ele? Um profeta ou um general que nos libertará? O que significam esses sinais que ele está fazendo? Mas o que tem de verdadeiro nele? Eu o vi transformar água em vinho no casamento. E vi quando ele deu a ordem ao oficial do rei que veio de Cafarnaum. Eu vi.*

9

Os Zelotes

*Eles, quer ouçam quer deixem de ouvir,
porque são casa rebelde, saberão que
um profeta esteve no meio deles.*
(EZEQUIEL 2:5)

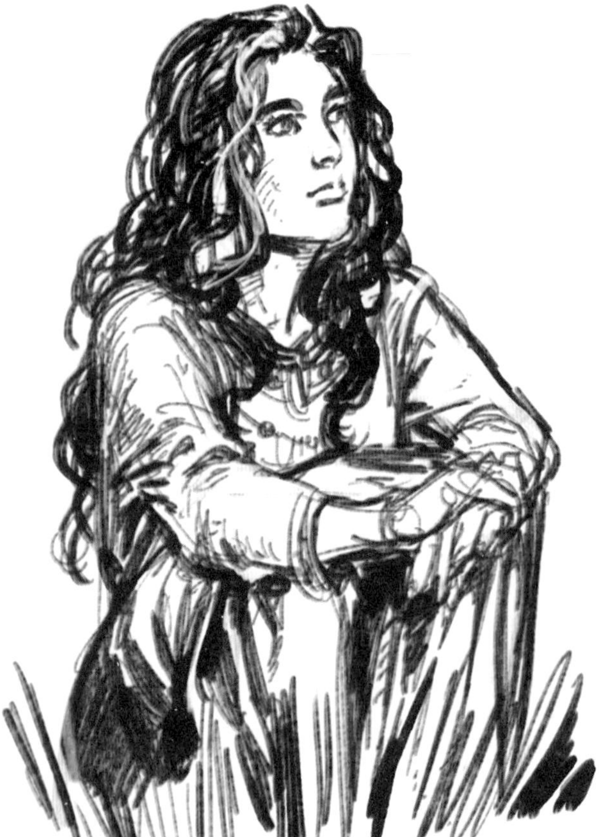

Sofríamos com os impostos abusivos, as decisões arbitrárias que beneficiavam unilateralmente os interesses imperiais, o desrespeito, as ações violentas, a exploração e a apropriação das riquezas produzidas pelo suor do rosto. Víamos acontecer em nossas terras quando os cobradores de impostos, sem nada produzir, levavam embora parte do nosso trabalho. Dia a dia, estávamos vivendo sombreados por temores, inseguranças, corruptores da justiça visivelmente reformulada pela pútrida política personificada em seus representantes jactanciosos. Esses ressentimentos adubavam o solo da nação, fermentavam nossa mente. A maioria de nós se sentia como um escravo sem correntes, com as mãos calejadas pelo cabo da enxada, a nutrir palácios de injustiças.

Nesse cenário, crescia o desejo de revolta contra os dominadores, não era surpresa. Porém, a maioria de nosso povo estava cansado de guerras e mortes. É claro que nem todos admitiam o caminho da paz. Não por acaso, ideias e sentimentos semelhantes aproximavam corações ávidos por mudanças. Assim, homens que compartilhavam dos mesmos pensamentos libertários se reuniam para formular estratégias que lhes permitissem o desvencilhar das amarras em que viviam. Com essa gênese se formou um grupo radical de viés político-religioso: os zelotes. Assim chamados por demonstrarem zelo excessivo pela nossa religião, pela nossa história, enfatizando a política. Os zelotes se opunham permanentemente aos romanos.

Era claro a qualquer um que os dois povos, judeus e romanos, nada tinham em comum, e os zelotes intensificavam o embate. Os zelotes pareciam procurar manter viva a mesma intensidade e bravura que os Macabeus tiveram ao enfrentar os invasores gregos e sírios há mais de um século, triunfando sobre eles. Nós víamos que a política ia se tornando a religião do partido dos zelotes. Havia dentro desse grupo homens ainda mais inflexíveis, dispostos a defender seus ideais sem medo de pegar em armas para alcançar seus objetivos e enfrentar seus oponentes. O mero discurso político era insuficiente para esses radicais. Era preciso falar na linguagem da força bruta para se fazer ouvir. Há pouco tempo, começamos a ver em ação uma facção ainda mais radical, por sua abordagem mais agressiva, despontando dentro do grupo dos zelotes. Sem demora, começaram a ser chamados de sicários, homens da adaga, porque sempre levavam suas lâminas presas ao cinturão. As atitudes desse novo clã demonstravam repugnância extrema contra os romanos. Em nome de suas concepções intransigentes, aos poucos notávamos o destemor dos sicários em tramar ações furtivas para atacar de assalto os destacamentos de soldados romanos que viajavam pelas estradas da Galileia. Ao longo do tempo, foram se abrindo a permissividades, que os tornaram bandidos. A intensidade de seus movimentos crescia à medida que deixavam o anonimato.

Passaram a receber o apoio de pessoas que não reuniam coragem, compleição ou competência para o enfrentamento direto contra o poder instituído. Esse aporte vinha discretamente de certas camadas insatisfeitas do povo e secretamente de figuras em cargos de destaque, que evitavam se comprometer abertamente, e, com motivações diversas, insuflavam o antagonismo que lhes rendesse algum benefício. De certa forma, estes apoiadores eram também sicários vestidos de túnica fina e manto púrpura. Os bandoleiros esperavam com isso ganhar a simpatia maciça do povo e adesão à sua causa. Com o êxito de suas investidas, a confiança se elevou. Ouvíamos falar de seus ataques e já não se restringiam a atacar vítimas apenas em estradas. Passaram a aproveitar qualquer oportunidade, ainda que fosse dentro de uma cidade e a rapinagem valesse a pena, fugindo em seguida para se esconder nas cavernas das colinas. Mesmo com tanto sucesso o resultado de suas façanhas não foi como o esperado. Ao contrário, a maioria do povo passou a temê-los mais do que admirá-los, precipuamente porque seus alvos deixaram de ser somente viajantes romanos, fossem eles militares ou comerciantes, para incluir entre suas presas mercadores gentios e até seus compatriotas judeus. As investidas lhes rendiam, como lucro do roubo, bornais cheios de moedas para gastar em seu próprio sustento e regalias, como mercadorias, armas. Além disso, usavam parte do espólio para honorários pagos a ex-soldados, geralmente banidos por mau comportamento. Esses proscritos eram contratados para lhes ensinar estratégias de batalha usadas pelos romanos. Com esse, treinamento pretendiam se antecipar a seus inimigos. Dentre os participantes desse grupo, alguns se destacavam pela habilidade durante o treino. Havia, porém, um salteador, cuja bravura, força e capacidade de liderar eram cobiçados. Sua petulância fazia sua fama crescer. Zelotes e sicários o cobiçavam para sua causa. Mas ele era escorregadio. Comprometia-se com todos e com ninguém. Seu nome era Barrabás, um nome estranho, significando apenas "filho do pai".

Foram as características libertárias e políticas dos zelotes que acabaram chamando a atenção de meu irmão. Eles cultivavam o mesmo tipo de ódio silencioso que eu percebia se avolumar em Yesher. Sabendo que os zelotes planejavam investidas contra os romanos, ele acreditava que, unindo-se ao grupo, poderia ajudar a fazer justiça contra os opressores e que nos livrasse deles. Assim como tantos outros, Yesher estava ressentido e não suportava mais ficar apenas olhando a situação, sem dar uma resposta, mesmo que o revide fosse com violência. Esse era o ponto que me preocupava. Meu irmão estava se deixando levar por ressentimentos, mágoas e vingança.

A primeira vez que Yesher soube da existência dos zelotes foi no acidente, naquele dia que nós, ainda crianças, jamais esqueceríamos. Eu nunca esqueci. As mulheres costumavam ir ao poço cavado, há muitos anos, na entrada da cidade, para buscar água e levavam junto as crianças. Yesher e eu acompanhávamos nossa mãe. Era a diversão do dia para todos nós. Não perdíamos por nada o passeio. Na caminhada, cantávamos e eu dedilhava meu saltério, satisfeita como uma aprendiz explorando o instrumento, assim como algumas crianças que levavam flautas e tamboris. Na maior parte, repetíamos os cânticos que aprendêramos com nossos pais, com poesias dedicadas a *Yahweh*, como nos Salmos. Nosso repertório também incluía cantigas sobre a natureza, sobre o amor, sobre a amizade. Em nossas canções, víamos em tudo a mão de Deus. As vozes das crianças em coro pareciam soar tão inocentes, belas mesmo sem ter todas as notas no lugar certo. Logo, a melodia se encorpava recebendo uma camada de beleza extra vinda das vozes das mulheres. Nós cantávamos juntos, em meio à primavera na Galileia, que enchia o solo de relva fresca e verdejante. No percurso, eu via margaridas amarelas e ciclamens florescidos da terra amarelo-alaranjado, como bailarinas com vestes coloridas e suas mãos de folhas coreografando nossas músicas, levadas até elas pelo vento. Yesher tinha seu jeito de aproveitar o passeio, explorando grutas e morros pelo caminho. Tudo o que ele mais desejava era uma chance de sair de casa, andar por locais mais distantes. Era uma aventura. Quando chegávamos ao poço, ele ajudava a puxar água e a encher os cântaros, até que se distraía com as pedras ou algum inseto caminhando entre as moitas e saía correndo para ver. Todos nós, afinal, ajudávamos e brincávamos o tempo todo.

Éramos crianças e nos divertíamos com os jogos que inventávamos, escondíamo-nos atrás dos rochedos e também subíamos as colinas, procurávamos cavernas, examinávamos arbustos, espinheiros, cavoucávamos buracos com os gravetos. As meninas se assustavam quando viam algum rato do deserto fugindo do meio das pedras, mas gostavam de observar as codornizes saírem das moitas com seus filhotes ciscando algum inseto para o café da manhã. Os meninos corriam o tempo todo. Eles não paravam quietos. Gostavam de pegar pedras, estudar seus formatos e desenhos, escolhiam as melhores para depois as atirarem num alvo que imaginavam na encosta dos montes ou podia ser apenas uma folhagem, um galho espetado na terra ou uma pilha de pedras. Ganhava quem acertasse bem no meio ou derrubasse o alvo. De tempos em tempos, corríamos de volta ao poço para ajudar mais um pouco. Buscar água no poço era alegria na certa. Aquele era um dia comum, como todos os outros. Ninguém esperava o que estava por vir.

As mulheres pararam as conversas assim que o soldado apareceu por trás de um monte, onde parecia ter ido se aliviar. Ele vinha em direção às mulheres e puxava pelas rédeas um cavalo castanho, de pelo sedoso e reluzente ao sol da manhã.

Percebemos que estávamos sozinhas ali. Não havia mais ninguém além das mulheres e das crianças. Minha mãe disse a todas que pegassem os cântaros para ir embora. À medida que ele se aproximava, parecia o Golias, que caminhava com passos incertos. Era o andar de um bêbado. Ele sorria com maldade. Imediatamente todas pegaram os cântaros e saíram dali.

—Onde está Yesher? — minha mãe perguntou.

Ele não estava conosco. Desesperei-me e pensei em ir procurá-lo, mas não houve tempo. Assim que comecei a me movimentar para procurá-lo, o brutamontes se arremeteu contra o grupo. Ele ria e falava impropérios sobre como as mulheres só existiam para servir aos homens do jeito que eles bem entendessem. Ele começou a dizer que aquele encontro só poderia ser um presente de Baco, oferecendo-lhe as bacantes para seu ritual. Tinha o olhar de um abutre. Rodeava as presas como um leão esfaimado, buscando a quem pudesse tragar. Ele se movimentava, rosnava, ameaçava, cercava nosso grupo e gargalhava às custas do medo das mulheres e crianças. Suas risadas emitiam um som oco. Aquilo não podia ser uma brincadeira.

Num golpe repentino, suas mãos grandes me encontraram. Senti seus dedos como se fossem garras projetadas na minha pele. Eu me debati. Em vão. Ele riu alto. Senti seu bafo de bebida envinagrada nas entranhas curtidas. De súbito, ouvi um zunido aumentando, vinha de longe, cortando o vento, da direção do sol. A contraluz não me permitiu ver. Não sabia o que era até que percebi que aquilo acertara a cabeça do soldado. O monstro urrou, caiu e me derrubou com ele. Yesher havia lhe acertado uma pedrada na fronte. Assustado, o cavalo do soldado galopou em disparada. Num átimo, os dedos dele se afrouxaram apenas o suficiente para me desvencilhar, mas a agilidade da besta-fera o fez segurar minha túnica. Mesmo zonzo, ele ainda se tratava de um soldado altamente treinado para o combate, que não se daria por vencido tão fácil por um bando de mulheres e crianças. Eu trazia comigo uma faquinha que meu pai havia feito para eu colher hortaliças e descascar frutas. Tirei-a da faixa de tecido que cingia minha cintura. O soldado já estava de joelhos, pronto para se levantar.

Antes de concluir o movimento, acabou sendo atingido de novo. Agora pelo cajado de minha mãe, bem em cima do ferimento feito pela pedrada. Nunca a vi daquele jeito. Sua face era amedrontadora. Com vigor, ela levantou o cajado para novo golpe. Acertou apenas o ar dessa vez. O bruto se esquivou e com força empurrou minha mãe contra o grupo de mulheres que vinham prontas para o acertar com bordões. Elas se desequilibraram com o impacto.

Nessa bagunça de contra-ataques, eu, que havia de novo caído, consegui escapar rolando para o lado. Foi nesse momento em que vi de relance que a minha pequena faca estava espetada no olho do soldado. Não sei como ela foi parar lá. Ouvi os rugidos que saíam da boca daquele homem, misturados com praguejamentos. A dor o fez movimentar-se com mais raiva ainda. Com força descomunal, ele desembainhou a espada e a moveu ao léu, buscando qualquer coisa que pudesse golpear. Eu já me levantara para fugir. Foi tudo tão rápido! Os movimentos incertos daquela espada encontraram minha perna. Um golpe seco pouco abaixo do joelho, do lado de fora. Senti percutir a pancada do metal batendo no osso. Caí. O sangue jorrou.

Sem deixar espaço para reação, Yesher já tinha pulado sobre as costas da criatura abjeta, socando sua cabeça com uma pedra, até ser jogado ao chão. Foi quando um grupo de homens chegou gritando com o soldado. Vieram atraídos pelo barulho da luta. Sem qualquer hesitação, aquele grupo enfrentou o brutesco. Eram zelotes. Eles gritaram para as mulheres correrem dali com as crianças. Minha perna sangrava. Minha mãe me segurou no colo, e o sangue tingiu sua túnica. As mulheres juntaram as crianças e arrastaram Yesher para junto delas, embora ele quisesse ficar ali lutando. Ele gritava e chorava. Fugimos de volta para casa. O som ficava mais distante, mas ainda podíamos ouvir os gritos e golpes desferidos no calor da luta.

Após chegarmos a casa, minha mãe tratou de meus ferimentos com seus unguentos medicinais. Ela amarrou bem firme minha perna com ataduras até ter certeza de que o sangue parara de jorrar. À noite, tive febre e foi assim nos três dias seguintes. O ferimento latejava no mesmo ritmo que a dor na minha cabeça. Era feia a ferida, demorou a cicatrizar. Sonhei várias vezes com aquele dia. Acordava suada, assustada, a perna doía muito. Ao mesmo tempo em que o ferimento foi fechando, fui descobrindo que eu não conseguia mais firmar a perna no chão. Eu não podia mais correr, pular, brincar com as outras crianças. Aquela perna havia sido condenada aos arrastos.

Soubemos depois, que naquele dia junto ao poço, outros cananeus foram até o local e viram o que se sucedeu. Formou-se uma plateia em torno da briga, um momento de arena de gladiadores. O grandalhão revidava sem dó as pancadas que os zelotes começaram a lhe infligir, enquanto estava sendo acuado contra os rochedos. Em poucos minutos seria abatido pelos zelotes. Essa desvantagem não durou muito tempo. Um segundo grupo fora atraído para o local. O pequeno destacamento militar romano reconhecera o cavalo fugitivo e voltara para procurar seu soldado, que demorava a encontrá-los de volta. Agora os dois lados se equilibraram em número e hostilidades, a briga tomaria outra proporção. Porém, mesmo com o treinamento militar, os romanos estavam levando uma coça dos zelotes. Muitos foram feridos, pareciam estar despreparados para a situação, desorganizados. Tinham sido pegos de surpresa e não conseguiam enfrentar a contento aquele ataque. Os zelotes se mostravam mais ágeis, combatentes bravos, movimentando-se como gladiadores na arena. Além do mais, continuavam em maior número. A situação se deteriorava do lado romano.

Enfim, o comandante despertou e reagiu vociferando ordens. Os soldados se movimentaram como se fossem se retirar. Os zelotes já comemoravam. Mas os soldados apenas tomaram distância segura para entrar em formação para a batalha. Eles se uniram posicionando-se de maneira a se proteger como um bloco enfileirado, escondidos atrás de seus escudos. À mostra, apenas as espadas em riste entre a carapaça de escudos, prontas para ferir qualquer um que se postasse em seu caminho. Marcharam com firmeza contra os zelotes, a fim de encurralá-los contra os montes. A estratégia funcionou. No momento seguinte, os zelotes começaram a recuar. Muitos foram feridos. Ainda não estavam preparados para enfrentar o embate estratégico militar adversário. O jogo virou. Ante a resistência organizada, os zelotes bateram em retirada para as montanhas, esconderam-se em cavernas. Eles sempre tinham a vantagem de conhecer de cor cada buraco daquela região, por isso não foram encontrados.

Mesmo com esse desfecho, o episódio conferiu aos zelotes a fama de corajosos e heróis entre os judeus, por outro lado, também alertou os romanos a não subestimar o grupo. Investigações se iniciaram para identificar os reacionários, que se mostraram dispostos ao enfrentamento. Quem sabe aonde chegariam em busca de promover seus ideais libertários? Os militares romanos entenderam haver um grupo que não temia matar ou morrer. Consideraram o perigo iminente daquela facção e queriam descobrir como haviam chegado àquele grau de treinamento de combate. Sabiam apenas que suas convicções se originavam da influência dos antigos Macabeus e das crenças religiosas dos fariseus. Eram rebeldes radicais que precisavam ser abafados. Mais uma vez, a Galileia reafirmava sua fama de abrigar rebeldes.

Depois desse incidente, o índice de coragem entre o povo subiu, aumentou o número de adeptos não só ao partido dos zelotes, mas também ao grupo de sicários, e os enfrentamentos contra os romanos passaram a ser mais frequentes. Depois das investigações, os romanos descobriram que suas preocupações não eram somente com os zelotes. Havia também os bandoleiros que viviam no Norte, nas regiões agrícolas que desenhavam grande parte da província da Galileia. Agora a fama dos sicários era conhecida também dos romanos como bandos de salteadores que se abrigavam em cavernas naquelas regiões montanhosas. Esses bandidos, com mais frequência, foram perdendo o temor de assaltar soldados, mercadores e viajantes nas estradas, também passaram a executar furtos em propriedades rurais, primeiro somente naquelas administradas pelos romanos, depois não faziam mais distinção e atacavam qualquer propriedade. Quando se viajava pela Galileia, via-se cada vez mais torres de vigia erguidas nas fazendas, inclusive em nosso olival tínhamos a nossa própria torre para vigiar e ajudar a evitar a ação desses bandos. Eram muitos os salteadores que acabaram se unindo ao movimento do grupo da adaga.

Já havia se passado muito tempo desde aquele dia que marcou o fim de minha infância. Yesher, porém, parecia ter sofrido um ferimento incontornável. Víamos a sua crescente insatisfação. Era mais do que isso, ele sentia ódio. Ódio pela situação, pelo sistema, pelos romanos. Ódio por um romano em particular: o soldado que me feriu com sua espada. Em proporção contrária crescia sua admiração pelos zelotes. Assim que completou idade suficiente e a barba cresceu em seu rosto, Yesher procurou se aproximar desse grupo. O modo de pensar dos zelotes o agradava. Meu irmão presumia que eles o ajudariam a fazer justiça. Procurando se reunir a esse grupo, Yesher aprofundou sua amizade com um cananeu conhecido como Simão, o Zelote, que o apresentou aos demais homens desse partido. Sem tardar, meu irmão se tornou um deles. As reuniões aconteciam nos arredores da cidade, em alguma colina onde podiam conversar sem medo de serem ouvidos. Em pouco tempo, Yesher já começava a participar dos planos e estratégias. Depois que se filiou ao partido dos zelotes, sempre que o assunto eram as festas em Jerusalém, já não havia mais aborrecimento, como antes acontecia quando nos aproximávamos do momento de viajarmos para aquela cidade. Ele já não reclamava mais. Pelo contrário, agora Yesher fazia questão de viajar para a Judeia. Queria conhecer melhor as estradas e caminhos, andar por Jerusalém, ouvir o que diziam, observar os hábitos. Sua presença no olival ia se tornando menos frequente. Yesher se prestava a espionar tudo e todos trazendo notícias ao grupo. Eu mesma ouvi suas conversas com seus amigos diversas vezes.

Durante as festas, a presença de zelotes na capital da Judeia era constante. Eles se misturavam aos peregrinos vindos de regiões longínquas onde muitos judeus haviam ido morar depois de se espalharem pelo mundo há muito tempo. Essa diáspora se deu após a dominação da nossa nação que já estava dividida. Desde os assírios que dominaram o Reino do Norte e os babilônios o Reino do Sul, outros reinos os sucederam, vieram os persas, os gregos e, enfim, os romanos, e nunca mais nos tornamos absolutamente livres. Razões não faltavam para que muitos não retornassem para nossa terra, nem mesmo seus descendentes. Uma vez estabelecidos em terras distantes, acabaram se desenvolvendo profissionalmente, formando família, comprando propriedades, forças que os arraigavam longe da terra dos seus ancestrais. As festas eram o momento de reunião de nosso povo, de celebração e comunhão. Elas mantinham vivas nossas crenças e cultura, ainda que contivessem o lamento do desterro. Esses ingredientes compunham o clima conflitante, propício a motins. Afinal, o que se poderia esperar de um povo que há séculos se sentia humilhado sob o cetro de dominadores? Durante esse período, as autoridades romanas se mantinham em constante tensão e seu exército permanecia em prontidão para abafar revoltas e prender criminosos e insurgentes.

Os zelotes já imaginavam que, enquanto eles traçavam seus planos de insurreição nas cavernas das montanhas, as estratégias de contragolpe eram armadas pelo comando militar romano dentro da Fortaleza Antonia, a casa de Pôncio Pilatos, governador da Judeia, onde ele também mantinha seu exército. Fora construída por Herodes, o Grande, em homenagem ao cônsul Marco Antônio, no intuito de mantê-lo como seu protetor. Nos quatro cantos de suas muralhas havia torres aos pés da escadaria do Templo, de onde poderiam controlar os judeus e vigiar seus movimentos no seu lugar mais importante.

Orgulhosamente Yesher dizia que os zelotes tinham ouvidos até dentro da Fortaleza Antonia. Havia um, talvez dois servos ali dentro que se dispunham a agir como informantes, sempre que lhes era possível. Eu não sabia como as informações eram passadas. Yesher não contava detalhes, nunca. Havia sempre um mistério que meu irmão deixava no ar. Desde aquele dia na beira do poço de Caná, ele mudou. Começou a navegar por águas perigosas. Tive certeza disso quando um zelote veio procurar Yesher em nossa casa. Eu estava ali, no meu quarto, tinha voltado a casa mais cedo e eles sequer se aperceberam da minha presença. Ouvi Yesher convidar seu amigo para subirem ao terraço do telhado da nossa casa. Enquanto subiam pela escada lateral que levava ao andar superior, o zelote disse ao meu irmão que veio lhe trazer as informações colhidas na Fortaleza Antonia sobre um soldado. O zelote disse que eram sobre Quintus Larcius Pavo, nominado segundo a tradição romana *Tria nomina*. Entre a soldadesca era mais conhecido como Ciclope, apelidado assim por ser cego de um olho. Senti um frio na barriga. Temia pela vida Yesher. Ele estava se metendo em encrenca. Eu só queria que ele deixasse tudo aquilo de lado, mas ele insistia em trazer o passado de volta para o presente.

O zelote, então, pôs-se a apresentar o relatório. A versão da história que o Ciclope contava sobre como perdera a vista, era mais uma de suas gabolices. Ele propalava que ficara cego depois de uma luta atroz na Galileia, contra um grupo numeroso de zelotes, que, o atacou covardemente e o cegou. Os bandidos se aproveitaram de um momento em que estava sozinho, após ir aos pés por causa da comida medíocre daquela terra quando procurava voltar para junto de sua tropa, que cavalgava mais à frente. Segundo a versão do soldado, havia sido uma luta desigual, pior para os bandoleiros, tendo muitos deles sido feridos pela sua espada. Depois da luta solitária, sua tropa voltou para lutar com ele, quando muitos bandidos já haviam fugido com medo.

Quanto mais ouvia o informante, mais Yesher se irritava com as galhofas do soldado e não se cansava de repetir que teria sido melhor que o tivessem matado naquele dia. Aquele zelote respondeu que era o desejo de todos os que haviam lutado aquele dia lá na beira do poço, como ele próprio. *Yesher estava conversando com um sicário.* De acordo com o informante, Pavo reiterava com frequência o quanto desprezava nosso povo, o calor, os sotaques. Dizia sentir nojo da poeira daquela terra imunda, que ficava colada no suor de sua pele. Desde que foi destacado para ser soldado na Judeia, Pavo, o Ciclope, sonhava em voltar para Roma, desejava sair o quanto antes de Jerusalém, lugar que ele considerava a "cloaca massima" do mundo. Em suas conversas, o soldado procurava manter nítidas suas memórias sobre Roma, considerada por ele a cidade mais linda, mais amada. Ele enaltecia os edifícios majestosos, obras de construtores inteligentes, que presentearam Roma com monumentos e templos feitos para as divindades. Gostava de relembrar das caminhadas ao longo das margens do Tibre, o rio das lendas, que para Pavo era um rio verdadeiro e não o Jordão, que nada mais era que excrementos de ovelhas escorridos pelo vale. Os demais soldados se reuniam ao seu redor para ouvir suas fanfarronices. Pavo dizia que gostava de ir à Ilha Tiberina porque a mente infantil das pessoas acreditava em uma lenda que dizia que ela era assombrada. Contava-se que ali no meio do rio Tibre, resíduos se acumularam aos poucos em torno do local onde fora jogado o corpo do odiado Tarquínio, o soberbo. Desse amontoado se formou a ilha. A superstição em torno do lugar fazia com que ele gostasse ainda mais da Ilha Tiberina. Enquanto outros tremiam, ele se deleitava. Atravessava as pontes Fabrício e Cestio à vista de todos, entrava e saía incólume, vindo vitorioso da terra do assombro.

O Tibre também guardava sua lenda principal. Foi o rio onde os gêmeos Rômulo e Remo foram jogados pelo rei Amúlio, de Alba Longa, cidade que cresceu nas margens de suas águas. Foi desse rio que uma loba salvou, amamentou e criou os gêmeos. Depois de crescidos, Rômulo e Remo voltaram para se vingar de Amúlio, dominaram a cidade e fundaram Roma, cidade gloriosa e adorada por Pavo. Segundo ele mesmo, esse era seu único amor. O zelote contou que Pavo devotava fé a tantos deuses, que não haveria templo que os pudesse conter. Continuamente lhes pedia que não o esquecessem ali naquele Tártaro. Suas crenças o levaram a fazer um altar para pequenos ídolos do lar em seu quarto, no alojamento militar do Palácio.

Certa ocasião, um dos informantes ouviu suas orações em que repetia seu amor por Roma e sua devoção por todos os deuses, principalmente por Baco, o deus a quem dedicava maior veneração. Com votos e sacrifícios, pedia que a benevolência do universo o contemplasse. Lembrava do dia em que estivera no Panteão, erguido para homenagear todos os deuses, que ali se encontravam representados e iluminados pela luz do céu vertida através do óculo, como se a energia do cosmos entrasse por ali. Pavo repetia que aquela atmosfera de poder que se agarrava aos altares erigidos para os deuses nas paredes do panteão, era o que ele queria sentir, por isso a reverenciava. Ele falava que, de certa forma, a lembrança do Panteão de Agripa o confortava, porque comparava aquele óculo na parte mais alta do domo ao seu próprio estado com um olho só, além disso, dizia que sua estrutura era tão forte que nada poderia derrubá-lo. Pavo repetia que o nosso povo tinha perspectiva pobre e tacanha, escolhendo adorar um único Deus, ultrajando todos os outros. Ele acreditava que essa ignorância era influenciada pelas crenças primitivas de uma religião que nos tornava um povo inferior. "Sorte desse povo estúpido que os romanos estavam ali", dizia o Ciclope, "Um pouco de cultura e elevação não lhes faria mal algum, embora o bem-estar deles não cause o menor interesse".

A idolatria dos romanos revoltava os judeus. Seus hábitos eram contrários à fé no Deus único do nosso povo. Todo esse discurso a respeito do Ciclope eram barbaridades que só alimentavam ainda mais a raiva de Yesher e seu amigo zelote. Era evidente que os judeus não despertavam empatia em nenhum romano. O zelote ainda tinha uma última informação a dar sobre o serviço de Pavo. Ele disse que as rondas constantes que o Ciclope havia sido designado a fazer pelas ruas de Jerusalém, davam-lhe a chance de conhecer prostitutas e delas tomar informações úteis sobre autoridades romanas e judaicas, além de bandidos e revoltosos contra o império. Prender estes últimos, fornecia-lhe a oportunidade de castigar cada um deles, malditos culpados por ele ser cego de um olho. Sua alegria aumentava quando ele conseguia prender qualquer zelote. Ele os procurava nas sombras e frestas da cidade, caçava-os pelos corredores e vielas, esgueirava-se para ouvir conversas esvoaçadas das janelas. Sua espionagem crescia durante as festas em Jerusalém, quando se movia como um chacal entre os visitantes. Muitas dessas rondas eram feitas sem o uniforme, usando trajes tipicamente judeus. Ele estava se empenhando em identificar e prender os baderneiros zelotes no meio do mar de gente.

Depois de passar as informações, o zelote disse a Yesher que essas saídas em ronda poderiam ser usadas contra o soldado. Yesher afirmou não saber como aquilo seria útil. O zelote lhe respondeu que talvez espalhando boatos, informações falsas, contraditórias, que o levassem ao engano, a procurar pistas nos lugares errados e tirar disso algum proveito. Yesher replicou que não conseguia imaginar como fazer algo efetivo. Quanto a isso, o zelote disse conhecer alguém que podia pensar em um plano proveitoso e dar ao Ciclope a lição merecida. Antes de ir embora, o zelote ainda falou que algo vinha incomodando os romanos ultimamente. Ele deu uma risada aberta e disse que com certa constância nos últimos dias, os romanos ouviam falar de um galileu, chamado por alguns de mestre, mas que a seu ver, não passava de um mágico astuto, encantador de pessoas, alguém interessado em obter algum lucro, um enganador das multidões, que desejavam achar qualquer diversão com ele. Mesmo assim, questionavam se o galileu era um dos rebeldes, se fazia parte do movimento dos zelotes e qual sua influência entre os revoltosos, já que tinha entre seus seguidores um zelote. Imagino que eles deveriam temer um líder com a influência crescente de Jesus. Mas já era notório que o Mestre galileu era pacífico. Ele nada a tinha ver com movimentos rebeldes. *Esses romanos não tinham nada melhor para pensar? Talvez não.* Dominadores temem tudo o que se move e tratam até a própria sombra como adversário. Pensando em tudo o que Yesher e seu amigo zelote conversaram, o que mais me preocupava não era isso. Fiquei tentando imaginar de quem se tratava a pessoa sobre quem o zelote havia se referido. *Era esperto para quê?* Alguma coisa eles estavam pretendendo contra aquele desalmado. Não achei uma boa ideia mexer com uma pessoa cruel como esse Ciclope. Se eu tentasse falar com meu irmão, ele não me ouviria. Eu esperava que ele não fosse tolo para fazer bobagens, nem escolhas das quais se arrependeria.

10

Milagres messiânicos

*Porém o que se dizia a respeito de Jesus
se espalhava cada vez mais, e grandes multidões
afluíam para o ouvir e para serem curadas
de suas enfermidades. Jesus, porém,
se retirava para lugares solitários e orava.*
(LUCAS 5:15)

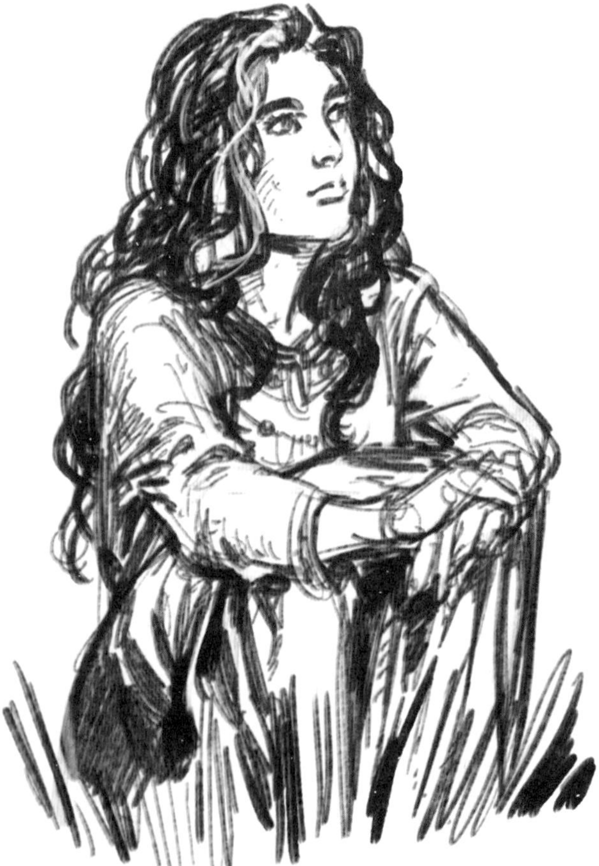

Reunimo-nos mais uma vez no olival que sempre nos abraçava com seus aromas, sob a sombra de seus galhos, protegidos do sol da Galileia. Era tempo de realizar a poda. Galhos novos brotariam dos pequenos desbastes onde apareceriam novos ramos e mais frutos poderiam deles irromper. Esse momento de cuidado com as plantas, embora parecesse austero, era necessário para ampliar a frutificação. Plantas e gente em muito se parecem.

Já estávamos quase no fim da tarde. O nosso serviço no olival transcorreu como de costume. Antes de guardarmos as ferramentas e encerrarmos aquele dia de trabalho, vi Simão e Natanael se aproximando. Eles estavam de volta a Caná depois de algum tempo de viagens pela Galileia seguindo Jesus como seus discípulos. Desde então, retornavam esporadicamente para ver suas famílias por alguns dias e logo voltavam para o grupo de discípulos. Vieram para comprar azeite assim que puderam se despedir das pessoas que os cercaram pelas ruas de Caná, ávidas por novidades sobre o Mestre Jesus. Meu pai os convidou para a ceia. Eu tinha certeza de que eles teriam muito para nos contar sobre suas viagens. Durante o jantar, as atenções ficaram centralizadas em Simão, em Natanael e nas notícias que eles traziam. Já de saída, ouvimos uma história singular, que poderia trazer novos rumos não só para o povo, mas também para o Sinédrio, onde dois saduceus ocupavam, ao mesmo tempo, o cargo de sumo sacerdote. Essa duplicidade era irregular, porém conveniente, um arranjo político em comum acordo com o império. Embora fora dos costumes, esse novo modelo foi instituído para acomodar politicamente os interesses do império, sem desagradar o povo. Era oportuno deixar o velho Anás permanecendo como o líder religioso dos judeus e ao mesmo tempo, Caifás, um sacerdote mais jovem, fazendo a interface política junto aos administradores romanos na Judeia. Prosseguindo na conversa, Natanael e Simão nos disseram que Jesus fizera um longo discurso sobre um monte, e uma multidão o ouvia. Quando encerrou sua fala e despediu-se, as multidões não se dissiparam, continuaram a segui-lo. As pessoas o cercavam sem trégua. Pouco mais ao longe começou-se a ouvir gritos:

—Leproso! Leproso!

—Era mesmo um leproso que apareceu. A multidão começou a gritar para que ele fosse embora, ali não era lugar para um leproso — disse Simão.

—Que audácia! — comentou Yesher.

—As pessoas fugiram de perto dele deixando um corredor vazio à sua volta.

—Ficamos com medo da reação da multidão. Era imprevisível — disse Natanael.

Os leprosos viviam excomungados longe das vilas e cidades. Tinham de permanecer afastados da vida comunitária por serem considerados cerimonialmente impuros. Uma vez tendo recebido o diagnóstico e a designação da impureza pelo sacerdote, eram condenados a viver afastados da comunidade, da vida social, religiosa e familiar, nas periferias das cidades, a fim de que a lepra não se alastrasse. Nesse estado, não poderiam trabalhar, ninguém os contrataria para quaisquer serviços ou compraria seus produtos. Sua sobrevivência passaria a depender de doações, esmolas, conforme a bondade de familiares e pessoas, que deles se lembravam. Eram poucos os compassivos que não se impressionavam com os horrores da progressão da doença. Se por alguma razão, alguém se aproximasse deles, os doentes precisariam manter suas bocas cobertas com suas vestes e gritar "Leproso! Leproso!", soando um alerta para que ninguém, por engano, fosse contaminado por sua impureza. Obviamente, essa condição também os impedia de participar das festas e celebrações no templo. Durante as festas, muitos leprosos eram vistos ao longe, ao redor da cidade, olhando a distância as comemorações e tentando ouvir as músicas. Viviam como degredados, desprezados.

—Aquele homem, coberto de chagas, não se atemorizou com as hostilidades da multidão. Alguns já ameaçavam pegar pedras para apedrejá-lo — falou Natanael.

—Ele enfrentou tudo e se aproximou o quanto pôde de Jesus. Colocou o rosto em terra e, ajoelhado, suplicou-lhe a cura: "Se o Senhor quiser, pode me purificar". Em seguida Jesus chegou bem perto dele, tocou-o e disse: "Quero, sim. Fique limpo!"

—O quê? Jesus tocou em um leproso? — perguntei.

—Sim, ele tocou — respondeu Simão.

—Mas então, ele se tornou impuro como o leproso — disse Yesher.

—Nós pensamos o mesmo quando o vimos. Mas nada disso aconteceu, Yesher. Pelo contrário. O leproso ficou puro.

—Sim, foi isso o que vimos — completou Simão.

Espantoso! O significado desse feito entre o nosso povo era enorme, porque nunca se ouvira falar que um leproso tivesse sido curado, ainda que nos livros de Moisés houvesse o procedimento passo a passo, instruindo as ações do sumo sacerdote perante um caso como esse. Fiquei com a impressão de que aquele escrito antigo só agora tomara sentido. Parecia ter sido registrado esperando aquele momento.

—Depois de curar o impuro, Jesus mandou que ele se apresentasse ao sumo sacerdote.

—Simão, isso é incrível! Deve ter causado um estardalhaço no Sinédrio — minha mãe entrou na conversa após ouvir cada palavra do relato.

—Imagino a cara de Anás e Caifás. Duvido que tenham acreditado no homem — disse meu pai.

—Eu não acreditaria — disse Yesher.

—Eles não tiveram muita escolha. Foi o que soubemos pouco tempo depois por pessoas que vinham procurar Jesus, chegadas de Jerusalém e que haviam presenciado a ida do ex-leproso no Templo.

Natanael e Simão passaram, então, a nos contar os detalhes de como tudo se sucedeu. Enquanto Anás e seu genro Caifás conversavam no pátio do Templo de Jerusalém, uma movimentação vinda da Porta das Ovelhas atraiu a atenção de todos, inclusive da guarda na Fortaleza Antonia, que ficava bem próxima da Porta das Ovelhas. A conversa entre Anás e Caifás foi interrompida pelo vozerio que subia as escadarias, precedendo a entrada de um homem seguido por uma turba. Decidido, ele vinha atravessando o Pátio dos Gentios, caminhando na direção deles. Carregava um cesto com dois pombos, um feixe de madeira de cedro, um pano escarlate e hissopo. Cercavam-no várias pessoas, que o ouviram testemunhar nas ruas por onde passara. Sua família estava a seu lado, apoiando-o. Com enorme alegria falava tudo o que Jesus tinha feito, o milagre da cura e purificação de quem até há pouco tempo era leproso. Imediatamente, mais pessoas foram se achegando para ouvi-lo contar como o galileu Jesus o havia curado de lepra, depois de tantos anos sobrevivendo em lugar retirado da cidade, nas periferias, longe de sua família. Nada mais que um proscrito, um impuro desprezado pela comunidade. Algo tão inesperado assim, logo empolgou um grande número de interessados, caminhando com ele em direção ao pátio do Templo. Outros líderes religiosos também se aproximaram. Em pouco tempo, o local estava cheio de gente que queria ver como aquilo se resolveria. Como a aglomeração não havia passado despercebida aos romanos, temerosos de algum motim, eles a seguiram. Caifás se perturbou com aquelas pessoas, mas mantinha um sorriso de fachada. Sabia que emaranhados de gente e a presença de soldados nunca indicavam uma coisa boa. Perguntou o que estava acontecendo e o homem lhe falou: "Venho apresentar aos sumos sacerdotes minha oferta pela purificação da lepra, conforme os ensinamentos de Moisés. Eu fui curado! Fui curado por Jesus da Galileia!"

Ante essa declaração o volume do murmúrio aumentou. Os olhares permaneciam atentos às reações dos religiosos. Percebendo no que aquilo poderia se transformar, Anás procurou um caminho menos ruidoso para abafar os ânimos do populacho. Pediu silêncio e disse que estava vendo os elementos para a oferta, mas ainda não havia examinado o homem que se dizia curado. O ex-leproso se apresentou para a análise. Anás e Caifás procuraram por marcas em seu corpo que indicassem os sinais da doença em sua pele, ali mesmo, perante todos. Não encontraram nenhum sinal da doença. Nada! Sua pele estava limpa, sem manchas. "Nada encontramos. Nenhum sinal de doença", disseram os sumos sacerdotes. A partir desse ponto, ambos os religiosos começaram a colocar em dúvida o depoimento do homem. Disseram que talvez ele tivesse uma doença passageira, alguma alergia, mas que não deveria ser lepra. O murmúrio entre os presentes cresceu mais uma vez. A atitude dos sumos sacerdotes era uma reação não somente ao que estavam presenciando naquele momento, mas também às informações que vinham recebendo dos líderes das sinagogas da região da Galileia.

Essas notícias davam conta da pregação e sinais que Jesus estava realizando nas terras do norte. Consideraram-no mais um falastrão do que alguém com quem pudessem se preocupar. Não deram importância, pois nada havia que pudesse lhes interessar até aquele momento. Entretanto, diante deles estava uma situação que deveria ser tratada com cautela. Nunca um leproso havia sido curado, eles bem sabiam disso. Não havia registros de alguém que tivesse realizado tal façanha. E as implicações deste feito eram bem conhecidas. Por isso, ali no pátio dos gentios, todos aguardavam o momento solene em que os sumos sacerdotes declarariam aquele homem limpo, tornando o ex-leproso puro e capaz de ter sua vida restituída, retornando à comunidade. Mas Caifás não estava convencido. Na verdade, não queria aceitar e jogou mais dúvidas na declaração do homem. Perguntou em alta voz por que deveriam acreditar que o homem havia mesmo sido curado de lepra, se nenhum sinal levava a crer que ele tinha a doença. Nada. Nenhuma marca em sua pele. Cicatriz alguma. Caifás frisou que, ao contrário, estava vendo diante de si um homem saudável, aparentando estar muito bem.

Então, os homens da família daquele homem — os únicos cujo testemunho poderia ser considerado em qualquer tribunal — depuseram em seu favor, atestando que ele era mesmo leproso e viveu muitos anos nos arrabaldes da cidade. Outros familiares e conhecidos fizeram o mesmo. Enfim, sua mulher, com coragem, relembrou que há alguns anos ele havia sido examinado pelo sacerdote, considerado impuro e relegado a viver longe de todos até que Jesus o curou. Os religiosos mandaram que a mulher ficasse calada. Um homem na multidão recitou a oração matinal, "obrigado por eu não ter nascido mulher, gentio ou escravo".

A multidão se agitou. Os filhos daquela mulher saíram em sua defesa, confirmando o depoimento de sua mãe em favor de seu pai, bem como seus parentes igualmente reafirmaram o testemunho e também seus vizinhos. Isso destruiu o estratagema de Caifás. As pessoas em redor começaram a falar que já lhes havia bastado o tempo de tristeza e sofrimento pela doença e separação. Percebendo que a opinião do povo pendia favoravelmente para o lado do ex-leproso e de Jesus, Caifás e Anás procuraram amenizar a situação. A eles nada mais restava a não ser, ainda que contrariados, além de certificar a cura e declarar o homem purificado da lepra, oficializando o ritual de purificação conforme a Lei. O vozerio do povo se uniu ao do ex-leproso, que entoou um Salmo.

Compadece-te de mim, ó Deus,
segundo a tua benignidade;
e, segundo a multidão das tuas misericórdias,
apaga as minhas transgressões.
Lava-me completamente da minha iniquidade
e purifica-me do meu pecado.
Purifica-me com hissopo, e ficarei limpo;
lava-me, e ficarei mais alvo do que a neve.
Faze-me ouvir júbilo e alegria,

para que exultem os ossos que esmagaste.
Esconde o teu rosto dos meus pecados
e apaga todas as minhas iniquidades.
Cria em mim, ó Deus, um coração puro
e renova dentro de mim um espírito inabalável.
Sacrifício agradável a Deus
é o espírito quebrantado;
coração quebrantado e contrito,
não o desprezarás, ó Deus.
(SALMO 51:1-2,7-10,17)

Minha mãe se levantara para ir buscar mais pão e ficara parada em pé escutando o final daquele relato sobre o ex-leproso.

—Naamah, venha sentar-se à mesa, por favor, minha querida.

—Ah, desculpem, eu fiquei pensando em como deveria ter sido a vida desse homem. Que esperança ele tinha?

—Bem, eu tenho esperança de que você me dê um pouco de pão.

—Claro, pegue, Oren. Peguem aqui, por favor. Se precisar mais eu já trago outra porção.

—Está tudo muito bom, querida. Sente-se. Vamos ouvir o resto da história. E então, o que mais aconteceu? Parece que vocês tinham ainda mais a contar.

—Sim, senhor Oren. Entre os presentes naquele acontecimento, estava um jovem discípulo do mestre Gamaliel, que observava tudo com interesse — disse Natanael.

—Ora, Gamaliel também estava presente? Ele é um mestre famoso e respeitado como o seu avô, o mestre Hillel. Pois bem, e quem era esse discípulo de Gamaliel? — perguntou meu pai.

—Seu nome era Saulo, vindo da cidade de Tarso, na Ásia Menor. Ele é considerado um dos mais promissores estudiosos da Lei e dos Profetas em Jerusalém — respondeu Simão.

—Ora, não era para menos!

—Saulo estava com um grupo de alunos, e entre eles formou-se um burburinho. Caifás percebeu e lhes perguntou do que se tratava a agitação entre os rapazes. Saulo foi indicado a falar representando o grupo. Ele disse que discutiam sobre a história que acabaram de presenciar, afirmando que o pregador nazareno parecia ter usado de um método estranho aos nossos costumes e à Lei.

—Estranho foi ter curado um leproso. O que interessa o método? Não é mesmo, Natanael? — minha mãe falou.

—Foi isso o que pensamos, senhora Naamah.

—Esse Saulo de Tarso perguntou se o galileu teria mesmo tocado no leproso, porque se assim o tivesse feito, ele teria se tornado impuro, devendo por isso viver separado do povo até que se comprovasse que ele mesmo não fora contaminado. Saulo usou a própria Lei para questionar a cura. Ele lembrou que, conforme a Lei orienta, se alguém tocar em algo impuro, igualmente se torna impuro — disse Simão.

—Acredito que essa interpretação conveniente tenha agradado Caifás.

—Sem dúvida, senhor Oren. A perspicácia daquele jovem conseguiu lançar dúvidas e fazer acender os ânimos na multidão, que discutia sobre aquilo, deixando de lado a própria cura, o milagre que estava ali diante deles — disse Natanael.

—É claro que isso inquietou as demais pessoas e uma pequena agitação começou. Os soldados se movimentaram, entrando em formação, prontos para dissipar qualquer indício de revolta. Mas então, antes que começasse um tumulto, o ex-leproso deu sua resposta: "Acaso, isso muda o fato de eu estar curado? Acaso, ao ter Jesus estendido sobre mim sua mão bondosa e me tocado, a lepra subiu para a sua mão? Subiu para o seu corpo? Não, senhores, pelo contrário. A pureza que havia nele era mais forte que a impureza que havia em mim. Ele fez seu poder se espalhar em mim, começando pelo local onde ele me tocou, irradiando-se por todo o meu corpo e assim me curando. Eu não estou aqui como prova viva disso? Sim, a pureza de Jesus me tocou e se espalhou pelo meu corpo e me fez puro, tornando-me limpo, mais alvo que a neve. Aqui estou, vejam! Nada mais há na minha pele que me torne impuro. O galileu Jesus me purificou! Não havia nada mais nesse mundo que eu desejasse mais do que isso. Ele salvou a minha vida" — disse Simão.

—Um testemunho surpreendente!

—Sim, senhora Naamah. Deixou a todos sem palavras. O silêncio dominou o ambiente por alguns momentos antes que o vozerio irrompesse no pátio mais uma vez. Todos estavam presenciando algo inédito: um homem havia sido curado de lepra. "Um milagre de Jesus, o Mestre galileu!", alguém gritou e todos apoiaram. Nada mais poderia ser dito em contrário.

—Nada mais havia a ser dito. Caifás encerrou a discussão. Um leproso havia sido curado e esse era um sinal importante, que os sacerdotes não queriam ter que atestar — disse Natanael. — Mas o mais importante em tudo isso era o fato de acabarmos de ver comprovado um milagre messiânico! — disse Simeão.

Milagre messiânico era algo que eu já ouvira falar poucas vezes. Eu só me lembrava de que aquilo era considerado impossível, irrealizável. Então, a cura de um leproso era um desses sinais! O milagre messiânico era tido como um sinal que somente o Messias teria o poder e a autoridade para realizar. Assim sendo, aquelas pessoas que viram o milagre tinham esse fato rodando em suas mentes. A importância dessa notícia não ficou retida entre os muros do Templo, mas alcançou ouvidos a quilômetros de distância. Para mim não restava dúvida de que o Sinédrio já estava elaborando como seriam seus próximos passos. O galileu seria investigado minuciosamente. Tudo o que ensinava, tudo o que fazia seria perscrutado. Daquele momento em diante, acho que Jesus não teria mais sossego. Onde quer que ele andasse, haveria um enviado do Sinédrio para observá-lo em detalhes. Caifás e Anás deviam estar determinados a provar que tudo não passava de um embuste armado por um impostor, que precisaria ser detido. Ao curar o leproso, Jesus mandou um recado ao Sinédrio, o próprio mensageiro era a mensagem viva. Eu entendi dessa forma. E os líderes religiosos haviam entendido? Penso que sim, mas a aceitariam? Será que Jesus teria forças para enfrentar seus antagonistas e prosseguir com seu ministério?

No decorrer do nosso jantar Natanael e Simão afirmaram que Jesus continuava percorrendo cidades para anunciar a chegada do Reino de Deus e os sinais que fazia apontavam para seu ensino, dando aval à sua pregação. A coerência de suas palavras e o poder dos sinais que realizava faziam aumentar dia após dia a multidão que o seguia em cada cidade e vilarejo onde entrava.

Para mim não havia dúvidas de que Jesus já era um dos assuntos mais frequentes nas rodas de conversa, assim como estava acontecendo em volta da mesa de nossa casa naquele jantar. O milagre que ele fizera, curando o leproso, deveria estar inflamando muitas discussões à volta de muitas mesas.

—Ele poderia ser o Messias? É esse o problema? Eu não entendo o porquê. Isso seria bom, não é mesmo? — perguntei

Foi meu pai quem explicou. Havia entre o nosso povo a crença de que somente o verdadeiro Messias seria capaz de realizar três tipos de milagres: a cura de um leproso, a cura de um endemoninhado com espírito de mudez e a cura de um cego de nascença. Esses três eram chamados de milagres messiânicos. Até aquele momento, nenhum desses milagres havia sido realizado. O que pensar, então, agora que aconteceu a cura de um leproso? Uma multidão vira o homem ser curado depois do discurso de Jesus no monte. Um dos milagres messiânicos havia sido realizado. Jesus se tornara objeto da investigação do Sinédrio, que temia que ele prosseguisse e realizasse os outros dois milagres exclusivos do Messias, ainda que ninguém acreditasse que uma pessoa atormentada por um espírito que causava mudez pudesse ser liberta. Presumia-se que, para se dominar o que quer que fosse, era preciso antes nominá-lo, conhecê-lo e chamá-lo pelo seu nome. Quem conhecia o nome, exercia o domínio sobre o ser, fosse ele humano ou espiritual. Essa crença se originou desde os primórdios, com Adão recebendo a autoridade de Deus para dar nome aos animais e dominá-los. Por causa desse mesmo princípio de nominar para dominar, os judeus consideravam que ninguém era digno de pronunciar o nome de Deus. Ninguém seria insolente a ponto de imaginar que Ele pudesse ser dominado. Assim, seu nome não era pronunciado em vão, era chamado de *Yahweh*, "Eu Sou" ou simplesmente Deus, isso bastava. Ficava implícito que Ele era "O Deus Único".

O terceiro milagre messiânico dizia respeito à cura de um cego de nascença. Assim como os outros dois, nunca houve relatos de que isso tivesse acontecido. As causas para esse sofrimento eram cercadas de controvérsias, afinal não se conseguia determinar quem seria o culpado por tal padecimento. Nesse caso, consideravam que a doença em questão era resultado de algum pecado, por isso discutia-se de quem seria a autoria do pecado causador daquele mal, talvez os pais, talvez ele mesmo ainda no ventre. Essa complexa discussão abocanhava horas do tempo dos religiosos, sem nunca chegar a um consenso sobre a real possibilidade de um bebê ainda no ventre ser capaz de cometer algum tipo de pecado. *Coisa mais estranha para se perder tempo em discutir! Mas sempre tem gente disposta a procurar penas em ovos.* Na verdade, os religiosos fecharam essa questão afirmando que, como ninguém podia perdoar pecados, logo, um cego de nascença jamais poderia ser curado. Ninguém a não ser o Messias, o Salvador ungido por Deus, o Cristo. Para muitos a promessa do Cristo estava tão distante, que havia se tornado uma lenda, um conto, algo semelhante àquelas histórias que os gregos gostavam de representar com máscaras em seus anfiteatros.

O que os líderes religiosos não esperavam era que um leproso fosse curado. As repercussões disso lhes causava medo. Mesmo que ele não fosse o Messias, alguém como Jesus colocava em risco o sossego do Sinédrio. Aí estava o ponto de contrariedade para eles. No fundo, temiam as comparações. A fala de Jesus era impressionante, falava com autoridade e fazia sinais maravilhosos, diferentemente da mesmice insossa de sua religiosidade. Os líderes religiosos sabiam que pessoas como eu se sentiam nauseadas com o palavrório dos sacerdotes, cansadas de vê-los repetir rituais religiosos sem vida. Eu não era a única, isso era certo. Somado a isso, estávamos esgotados pela usurpação dos altos impostos. Creio que alguém como Jesus podia se tornar um perigo naquele momento. Ele estava alcançando e despertando o coração do povo. Algo que os líderes religiosos não eram capazes de fazer e não desejavam que acontecesse. Jesus estava trazendo a esperança de volta à medida que seus atos se espalhavam e se tornavam conhecidos. *Talvez para mim também.* Em breve, isso poderia se transformar em ameaça à ordem religiosa e costumes estabelecidos. Para esses religiosos radicais, Jesus precisava ser vigiado. Qualquer deslize, deveria ser usado contra ele, combatido e sua imagem deveria ser desconstruída perante o povo.

Ao longo do nosso jantar os discípulos de Jesus contaram muitas coisas além da cura do leproso e de tudo o que ocorrera no Templo. Onde o Mestre estava, aconteciam milagres, curas, sinais. Os dois discípulos cananeus, contaram tantas coisas que minha cabeça rodava nos pensamentos.

—Será que ele poderia curar a minha perna?

Assustei-me ao ouvir minha própria voz expressando um pensamento fugitivo da clausura em que o mantinha aprisionado. Continuei perplexa.

—Bem, eu nem poderia segui-lo. Não conseguiria andar atrás dele, como vocês discípulos, que caminham todas as milhas que ele percorre.

E assim, voltei-me urgentemente para a comida e me servi de mais um pouco de pão.

—Podem me passar a lentilha?

Minha mãe pegou a tigela e a trouxe para perto de mim só para me abraçar. Meu pai me olhava com a doçura costumeira. Yesher, permanecia afundado nas almofadas pelo peso do pensamento. Ao mesmo tempo, ele sentia pena de mim e ódio do covarde que me aleijou. Minha mãe interveio.

—Haya, minha filha, a fé também é possível ser vivenciada a distância, onde você estiver, aqui mesmo no olival, na nossa casa, enquanto toca o seu saltério. Você não precisa ir até Cafarnaum, nem atravessar a Galileia. Isso não diminui a sua fé, pelo contrário, o exercício de crer sem ver só fortalece a sua fé. Sobretudo, se você preencher as distâncias com a oração. Os planos de Deus são pensamentos de vida e bondade. Lembre-se do que disse o profeta Jeremias:

> *"Eu é que sei que pensamentos tenho a respeito de vocês",*
> *diz o* S*enhor*. *"São pensamentos de paz e não de mal,*
> *para dar-lhes um futuro e uma esperança. Então vocês*
> *me invocarão, se aproximarão de mim em oração, e eu*
> *os ouvirei. Vocês me buscarão e me acharão quando me*
> *buscarem de todo o coração. Serei achado por vocês",*
> *diz o* S*enhor,* *"e farei com que mude a sorte de vocês.*
> (JEREMIAS 29:11-13)

—Jesus tem algo que nós ainda não entendemos. Sequer sabemos explicar tudo o que ele faz — disse Simão.

—Vocês estão se enganando com essa conversa de paz. Não existe paz quando se é escravo. Nós somos escravos de Roma. E você, Simão, você é um zelote, como pode dizer essas coisas?

Yesher os deixou ali na sala e saiu. Minha mãe olhou para meu pai que já ia até a porta da casa.

—Deixe o menino ir, Naamah. Não se preocupe com ele.

Eu estava me sentindo dividida. Natanael e Simão falaram sobre justiça por intermédio da esperança e paz. Yesher também queria justiça, porém por meio da vingança. Os fins justificariam os meios?

11

Desconstrução

*Então os principais sacerdotes e os fariseus
convocaram o Sinédrio e disseram:
—O que estamos fazendo, uma vez que este homem
opera muitos sinais? Se o deixarmos assim,
todos crerão nele; depois, virão os romanos e
tomarão não só o nosso lugar, mas a própria nação.*
(JOÃO 11:47-48)

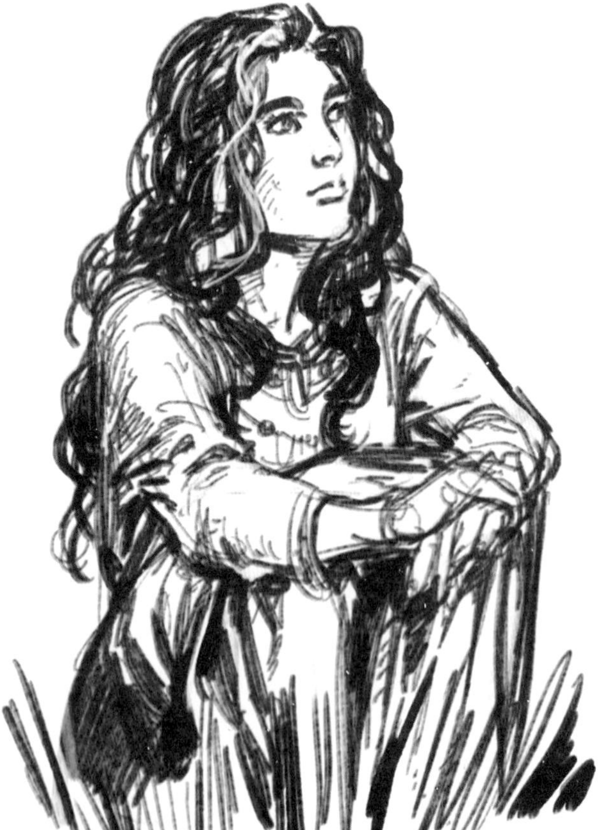

Desde que o ex-leproso se apresentou no Templo, estava aberta a caçada contra Jesus. Os líderes religiosos se puseram ao seu encalço, buscando todos os detalhes para compor um histórico completo, um dossiê com intuito de descaracterizá-lo como líder, desconstruir sua imagem como possível Messias. A partir de então, entre os que acompanhavam Jesus, não apenas discípulos e seguidores, mas também emissários dos líderes religiosos eram vistos onde Jesus estivesse, em cada ajuntamento, nas sinagogas, nas cidades e vilarejos. Eram muitos enviados, espiões do Sinédrio. Eles observavam em silêncio. Esperavam um deslize, uma deixa por menor que fosse, um escorregão que permitisse o confronto e a humilhação. Eles estavam por toda a parte.

Era assim que o Sinédrio tinha olhos e ouvidos em todos os lugares, mantendo-se atento aos movimentos do galileu. De início, os emissários observaram em silêncio, avaliaram seus hábitos e suas palavras para decifrar quem de fato ele era. Queriam saber mais sobre o homem que tinha sido capaz de realizar um milagre exclusivo do Messias. O assunto não poderia ser de maior importância, afinal o povo já estava abertamente considerando a possibilidade de estar diante do Messias por quem os judeus esperavam há muitos anos.

Para irritação do Sinédrio, Jesus não se acabrunhou, não obstante a perseguição e a pressão que vinha sofrendo. Notícias não paravam de cruzar as estradas da Galileia, viajando com as caravanas, contando que o Mestre continuava a curar doentes, libertar oprimidos e possessos e ensinar com autoridade incomum. Nós mesmos em Caná presenciamos dois de seus milagres: a transformação da água em vinho e a ordem de cura do filho do oficial que estava em

Cafarnaum. Assim como nós, muitas outras pessoas estavam testemunhando seus feitos em outros lugares. Jesus se mostrava uma fonte inesgotável de virtudes. Havia sempre mais. Perante quem quer que fosse, ele manifestava seu poder sobre as enfermidades físicas e espirituais. Além dessas curas, Jesus demonstrava também que exercia poder sobre a natureza.

Mais recentemente, soubemos também que ele conseguiu acalmar o mar enfurecido, durante uma tempestade pronta para levar a pique o barco em que viajavam os discípulos, enquanto atravessavam o mar da Galileia. Jesus ordenou aos ventos que se acalmassem e assim aconteceu unicamente com o poder de sua voz. *Teria ele poder de acalmar os ventos de tempestade dentro do coração?* As surpresas não acabavam. Em outra ocasião, o Messias alimentou uma multidão faminta que o seguia, multiplicando pães e peixes. Logo depois, algo igualmente inacreditável aconteceu. Jesus foi encontrar seus discípulos no meio do lago da Galileia. Como? Andando sobre as águas. Incrível!

O que estava acontecendo em nossos dias era inexplicável. Alguns acreditavam, outros não. Eu mesma tinha dificuldade em crer em tudo o que ouvia falar de Jesus. Talvez as pessoas se empolgassem e falassem muito mais do que era a realidade. O fato é que, acreditando ou não, as pessoas o seguiam, multidões se formavam ao seu redor para ver seu poder e seus milagres. Com isso, a fama de Jesus só aumentava, atravessava as fronteiras, atraía pessoas de muitas regiões. E no meio dessa gente toda estavam os espias do Sinédrio e, se eles estavam montando um dossiê sobre Jesus, eu também estava ajuntando as minhas próprias informações. *Eu já tinha compreendido que ele era um profeta poderoso em palavras e sinais. Mas seria ele o Messias?*

Pouco tempo antes, meu pai precisava resolver negócios em Nazaré. Ele queria construir um depósito maior para acomodar a nossa crescente produção de azeite. Assim que ele disse que procuraria ajuda com a família de José, os *tekton*s de Nazaré, eu, mais que depressa, me candidatei a acompanhá-lo. Não era uma viagem longa e eu queria ir de qualquer maneira para Nazaré. Não perderia essa chance. Ele chamou dois servos e arrumou a carroça. Partimos.

Enquanto meu pai tratava dos negócios da construção do depósito com os irmãos de Jesus, eu conversei com Maria. Pedi que me contasse mais a respeito de seu filho que agora era um Mestre. Percebi que ela ficou feliz com a conversa, embora eu não fosse a primeira que a tivesse procurado para isso. Contou algumas coisas incomuns, difíceis de aceitar, mas segundo ela, desde a gestação já havia componentes extraordinários na história de Jesus. Ela disse que já sabia que Jesus faria obras poderosas, desde que um anjo a visitou e falou sobre Jesus. O mesmo anjo visitou José em sonho e confirmou a mensagem, porque José, de início, não queria aceitar nada daquilo. Ela me disse que por causa do recenseamento, ela e José precisaram ir à Belém e foi lá que Jesus nasceu. Receberam visitas de um grupo de pastores e mais tarde, chegaram alguns magos vindos das regiões longínquas do Oriente.

Ouvindo o que ela dizia, pensei que as pessoas continuavam vindo atrás de Jesus, décadas mais tarde, ainda que fosse por motivos diversos. No meu entender, vários dos que se juntavam às multidões que seguiam Jesus tinham interesse em seus milagres, poucos queriam ser amigos dele. Durante a viagem de volta para Caná, sentada na carroça, fiquei calada, pensando em tudo o que ouvira de Maria. Meu pai havia falado sobre os planos com as melhorias que o novo depósito traria e sobre a sua felicidade com a produção de azeite na plantação mais jovem. Eu permaneci em silêncio por vários quilômetros. Pouco falei. Na maior parte do tempo eu concordava com o que ele dizia. Então, meu pai puxou conversa comigo:

—Conseguimos contratar os rapazes para o trabalho. Espero que eles sejam competentes como o pai deles era.

—Acho que eles são, sim.

—Eles devem ir a Caná na próxima semana.

—Ah, que bom, pai.

—Vi você conversando com a mãe dos *tektons*.

—É, nós conversamos um pouco. Maria é uma boa pessoa.

—Sua mãe também disse que ela era uma pessoa de bem. O que vocês conversaram?

—Sobre o filho dela que não estava lá. Jesus.

—Claro! Foi por isso que você quis vir junto, não foi?

—Foi, sim, pai. É que tudo com ele parece cheio de mistério. É difícil acreditar nas coisas que eu ouço sobre ele.

—Sim, minha filha, acho que todos nós estamos com muitas coisas na cabeça. Eu tenho a impressão de que nunca houve tantos acontecimentos inexplicáveis, nem mesmo no tempo dos profetas.

—É, talvez, pai. As pessoas falam tantas coisas. Nós mesmos vimos Jesus fazer milagres em Caná. Mas o que significam?

—Bem, Haya, Jesus fala que o Reino de Deus está próximo. Talvez o que ele queira dizer seja que está perto para que o possamos alcançar.

—Eu não tinha pensado nisso. Mas o que isso quer dizer?
—É difícil afirmar algo, Haya. É como Simão e Natanael falaram aquela noite em nossa casa, há algo misterioso em Jesus que ainda não estamos entendendo.
—Mas e os sinais que nós estamos vendo?
—Eu acho que são provas da mensagem que ele anuncia. São sinais que apontam para alguma coisa que ele diz. E pode ser o Reino de Deus que ele tanto repete.
—Mas então ele é o Messias?
—Eu não sei, minha filha.
—Não entendo muitas coisas do que ele quer dizer.
—Bem, acho que nenhum de nós consegue entender direito.
—Mas e as profecias sobre o Messias? Elas dizem alguma coisa que ajude a gente a entender?
—Talvez elas digam algo, sim. Mas teríamos que estudar com cuidado. Acho que os rabinos já estão fazendo isso, não sei.
—Nosso povo é tão desconfiado, pai. Acho que vão procurar coisas só para humilhá-lo, para provar algo contra ele.
—Pode ser, mas se ele for mesmo o Messias, quem o impedirá?

Nossa viagem seguiu e continuei pensando naquelas coisas. Já estávamos distantes de Nazaré e acabáramos de passar a estrada que levava a Séforis. Mais adiante, numa das colinas que nos ladeavam, vimos uma movimentação. Poeira se levantara lá em cima. Ficamos intranquilos. Poderiam ser salteadores. Os dois servos se postaram cada um de um lado da carroça. Meu pai me entregou as rédeas e desceu também. Seguimos atentos.

Pouco mais à frente, sem cerimônia e sem pressa, desceu da colina um grupo de homens. Vieram em nossa direção.

—O que estariam fazendo por aqui, forasteiros como vocês? — perguntou um dos sujeitos, que trazia uma adaga presa ao cinturão.

—Somos cananeus. Estivemos em Nazaré procurando um *tekton* — respondeu meu pai.

—Ah, sim. Agora todos querem o *tekton* de Nazaré. Ele está famoso. O que vocês levam aí dentro da carroça?

—Não estamos transportando mercadorias. Não temos nada de valor.

—Muito bem. Mesmo assim, vamos olhar. Uma carroça sempre tem algo interessante. A mocinha pode pular daí!

Eu me apavorei. Apenas peguei meu cajado e meu pai me ajudou a descer. Os homens cercaram a carroça e começaram a vasculhar o que tínhamos levado. Encontraram algumas frutas secas e água, além de alguma madeira que meu pai estava carregando para a construção nova.

—Um homem como você deve ter algum dinheiro, cananeu. Onde está?

—Não temos dinheiro conosco. Nada temos além do que vocês já viram.

—Só não olhamos ainda o que você carrega consigo. Desamarre o cinturão.

Antes que meu pai argumentasse, o homem recomendou:

—Não dificulte, cananeu. Não queremos ferir vocês. Nada de luta hoje, certo? Entreguem logo o que vocês têm, e nós iremos embora.

Meu pai soltou seu cinturão. Deixou cair a espada curta que levava consigo sempre que íamos viajar. Ele orientou aos servos que fizessem o mesmo. Largaram as espadas.

—Vamos colaborar com vocês, mas não nos façam mal.

—Não faremos, cananeu. Agora se afastem.

Meu pai pediu aos servos que obedecessem. Eles juntaram as espadas e apenas ficamos olhando aqueles homens levarem embora nossa carroça.

—Melhor assim. Não nos feriram. Daremos um jeito no resto. Agora precisamos seguir até a nossa casa. Não estamos tão longe.

Eu me sentia um estorvo. A perna se arrastava. Eu não queria atrasar tanto a viagem, porém não era fácil. O meu pé virava e se feria nas pedras. Meu pai disse que me levaria nas costas e, mesmo eu não querendo aquilo, ele me levou. Os servos queriam me carregar, revezando com ele, mas ele não aceitou. Ele ainda era um homem forte e me aguentou até chegarmos perto de casa. Yesher estava no olival e nos viu de longe. Correu para nos encontrar. Ele queria me pegar no colo e me levar para dentro de casa. Insistiu com meu pai, até que ele aceitou. Estávamos exaustos pela caminhada e pelo calor. Minha mãe e as servas se apressaram para lavar nossos pés e passar bálsamos que aliviassem neles as dores dos quilômetros percorridos.

No dia seguinte, meu pai foi até a casa do curtidor. Ele queria encomendar algo que eu pudesse usar no meu joelho, uma cinta para firmá-lo. Depois de um bom tempo lá, meu pai voltou com o artefato para me mostrar. Ele estava animado. Talvez com aquilo eu pudesse andar um pouco melhor. Sem muita esperança eu vesti a cinta. Era larga o suficiente para cobrir o meu joelho inteiro e uma pequena porção da perna. Ao seu redor, três tiras faziam a cinta ficar presa no lugar. Eu teria que me acostumar com aquele embrulho de couro, mas compensava pela alegria de meu pai, ao ver que minha perna não ficava tão bamba.

Enquanto testávamos a novidade, um servo veio chamar meu pai. Fomos todos com ele. Eu segui andando com minha joelheira de couro, sem abandonar o cajado. Não pudemos acreditar no que vimos. Perto do olival estava a nossa carroça com o jumento e todo o carregamento de madeira. Olhamos para todos os lados para tentar encontrar alguém, em vão. Não havia ninguém ali. Meu pai olhou para Yesher. Disse aos servos que guardassem a carroça, depois que descarregassem a madeira e nos mandou para casa. Ele e Yesher passaram algum tempo no olival antes de voltarem para casa.

12

Efervescência

*E aconteceu que, num daqueles dias,
Jesus estava ensinando, e achavam-se ali assentados
fariseus e mestres da Lei, vindos de todas
as aldeias da Galileia, da Judeia e de Jerusalém.
E o poder do Senhor estava com ele para curar.*
(LUCAS 5:17)

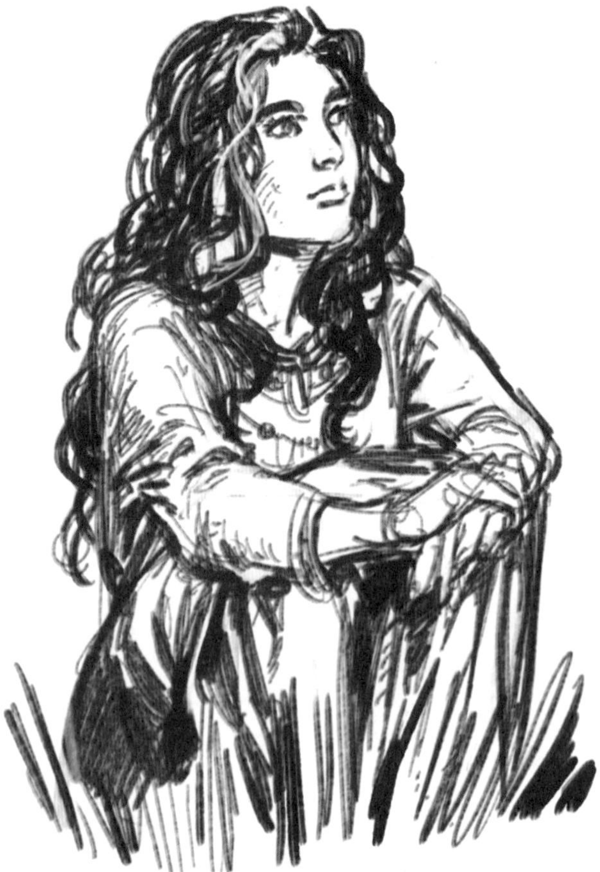

O assunto sobre os salteadores na estrada, na volta de Nazaré, ainda durou alguns dias. Meus pais estavam preocupados com Yesher. Ele estava se metendo com gente perigosa. Temiam sobre o que poderia acontecer com meu irmão. Sempre que essa conversa retornava, Yesher discutia. Meus pais o aconselhavam, alertavam, era visível a preocupação deles. Aos poucos meu irmão começou a deixar meus pais falarem sem retrucar. Todos foram se cansando das desavenças. Ao mesmo tempo, percebi que ele passava mais tempo longe de casa.

A inquietação não agitava só a minha casa. Estava em todos os cantos. Enquanto o povo aclamava Jesus, os líderes religiosos marchavam silentes no sentido contrário. O Mestre sabia muito bem o que pensavam dele e quais eram suas intenções, entretanto nada o dissuadia de continuar. Ele sempre se expressava com segurança e firmeza, parecia saber os passos antes de serem dados. O mais inexplicável era que ele dava impressão de ter o poder de conhecer até os pensamentos e intenções das pessoas. De certa maneira, isso era um alívio, porque da maneira como os eventos transcorriam era possível que, sem tardar, um perigo maior pudesse alcançá-lo e colocar a sua vida em risco.

As festas se aproximavam, mas não era sensato que ele fosse a Jerusalém, não com o Sinédrio pisando em seus calcanhares. Não era seguro. Eu torcia para que seus discípulos já o tivessem alertado disso. Era claro que havia uma conspiração em andamento. Os interesses em torno de Jesus eram diversos. O povo estava vislumbrando nele a esperança do Messias ter chegado finalmente. Já o Sinédrio de Jerusalém via nele uma ameaça, um embusteiro a ser aniquilado. O que ficava cada vez mais evidente era que, segundo a concepção dos radicais religiosos, Jesus não era um mestre respeitável. Não conseguiam acreditar que o Messias pudesse vir da Galileia dos iletrados, briguentos e encrenqueiros.

As investigações continuaram. As minhas e as do Sinédrio. Nunca havia me interessado por esses assuntos religiosos, mas agora meu desejo era saber o que as Escrituras diziam a respeito do Messias. Eu não tinha conhecimento suficiente, pois não frequentara escola. Não poderia, claro, não havia escolas para mulheres. Mas eu tinha minha curiosidade. Pedi a meus pais que me ajudassem a lembrar das profecias. Durante minha infância, escutei histórias sobre as Escrituras, ensinos e o que diziam os profetas, mas como já disse, nunca antes tive interesse e pouco lembrava. Notei que meus pais também estavam meditando sobre isso, porque a conversa fluiu fácil. Todos nós estávamos impressionados com essa efervescência.

Durante vários jantares, conversamos sobre esse assunto e meus pais — que também não eram mestres da Lei — reuniram indícios sobre a identidade do Messias verdadeiro. Nos escritos de Moisés havia a informação de que o Messias prometido por Deus nasceria de uma mulher, seria descendente de Abraão, da tribo de Judá. O profeta Isaías também falara que o Messias nasceria de uma mulher jovem e pura. Além disso, tanto o profeta Isaías quanto o profeta Samuel afirmaram que ele seria da linhagem real da casa de Davi. O profeta Miqueias disse que o Messias nasceria em Belém, e o profeta Oseias disse que ele passaria parte da infância no Egito.

Eu estava espantada. Não tinha considerado a conversa com Maria de grande utilidade, mas agora, juntando com o que meus pais estavam dizendo, a minha cabeça pulsava.

Maria havia me dito que Jesus não era nascido em Nazaré, mas em Belém, para onde ela e seu marido José viajaram em busca de seus registros familiares, na cidade de seus ancestrais que eram da casa de Davi. Eles nem planejaram ir para Belém, mas foram obrigados em obediência ao recenseamento ordenado pelo imperador Cesar Augusto, que cismou em fazer um levantamento de quantas pessoas habitavam seus domínios e quais eram os bens e valores que essas regiões subjugadas tinham a oferecer. Pouco tempo depois do nascimento de Jesus, José e Maria precisaram se mudar para o Egito a fim de proteger seu filho do decreto do rei Herodes, o Grande, ordenando o extermínio de meninos com menos de dois anos em Belém. Foi um início de vida turbulento para Jesus. Somente depois da morte de Herodes, eles voltaram para Nazaré.

Além disso, meus pais trouxeram às nossas conversas o fato de que muitas pessoas chamavam João Batista de "voz do que clama no deserto", em referência o que disse o profeta Isaías sobre um mensageiro que anunciaria a chegada do Messias, como o prenúncio do caminho para o Messias, mencionando também "a Galileia dos gentios". Era um mistério pensar como pessoas diferentes, em épocas distintas, em lugares diversos escreveram profecias que convergiam para um ponto desconhecido no futuro.

Bem, se nós que somos leigos juntamos essas informações, os sacerdotes também o farão. Claro! Eles conhecem as profecias, são doutores da Lei. O que eles dirão? Como reagirão? Estava curiosa para saber como os sacerdotes interpretariam as profecias. Porém, em silêncio, o Sinédrio investigava. Nada. Nenhuma palavra. Em nossas conversas, meus pais falaram que os líderes religiosos continuavam procurando onde estava o engano nos feitos de Jesus, pois consideravam apenas uma coincidência. Seu intento não era baseado na esperança da promessa do Messias, mas na busca de algo que pudesse desconstruir Jesus e, assim, apontá-lo como impostor.

As conversas com meus pais me levaram a compreender melhor as atitudes do Sinédrio. Certamente, para esses líderes, ter que celebrar o ritual de purificação do leproso no Templo foi como engolir um espinho de peixe atravessado na garganta. De qualquer forma, quisessem eles ou não, o povo estava comentando que a cura do leproso era uma evidência de um milagre messiânico. Poderia indicar a presença do Messias. Aquilo os ameaçava. Acabaria com seus cargos políticos, suas regalias. Temiam que o povo percebesse que não haveria mais a necessidade de suas funções e intermediações. Sendo assim, estava na hora de implementar estratégias. A medida principal seria tirar Jesus de cena. A presença de um líder como ele poderia trazer mudanças no status quo que eles haviam demorado para construir junto ao império. Então, esse era um inimigo que precisaria ser eliminado da mente e do coração das pessoas com urgência. Para o Sinédrio, ninguém estava precisando de um Messias agora. Era preciso manter o povo com os seus problemas habituais. Afinal, já havia centenas de leis sobre leis para explicar as leis. Isso bastava para que os cargos deles se justificassem.

Para o furor do Sinédrio, Jesus continuava realizando muitos sinais e maravilhas à vista de todos, incluindo dos espias religiosos. Ele não se intimidava. De cidade em cidade, aproveitava o dia de celebração do *Shabat* para ensinar nas sinagogas por onde passava. Foi por sinal em um *Shabat*, em nossa sinagoga, que ficamos sabendo que Jesus realizara outro milagre, curando um homem que tinha a mão atrofiada. Os espiões do Sinédrio estavam presentes e o interpelaram: "É permitido curar no sábado?". Tão logo a pergunta começou a rodar pelo lugar, veio a resposta imediata de Jesus refutando as intenções de humilhá-lo. Como sempre, fez as pessoas pensarem, dizendo que o sábado foi feito por causa do homem e não o homem por causa do sábado. Então, sim, era permitido fazer o bem no sábado. Os fariseus, arrogantes, ficaram furiosos. Quiseram derrotar Jesus e foram envergonhados perante todos. Deixaram aquele local com a certeza de que não terminaria daquele jeito. O revide viria.

Jesus e seus discípulos não quiseram prolongar o debate e apenas se retiraram, mas não se esconderam. Nem seria possível, pois ele continuou a ser procurado por muitas pessoas. Era comum haver aglomerações onde ele estava, as pessoas se empurravam, umas às outras, no esforço de chegar perto e conseguir tocar nele. Outra circunstância também começava a chamar a atenção. Quando ele passava perto de pessoas que sofriam com a influência de espíritos imundos, elas se prostravam e gritavam que Jesus era o Filho de Deus. Nem meus pais souberam me explicar o que isso poderia significar. Tantos sinais, milagres, poder e autoridade só podiam atrair um número cada vez maior de pessoas em cada canto da Galileia. O Reino de Deus havia chegado, era o que Jesus falava.

Essas informações percorriam as estradas e também chegavam ao Sinédrio. Eu imaginava o quanto elas deixavam os líderes religiosos profundamente incomodados, como se estivessem sendo afrontados. *O que eles dirão, então, quando souberem que, entre seu grupo de seguidores mais assíduo, Jesus recebera mulheres como discípulas?* Sim, mulheres seguiam Jesus de cidade em cidade, como suas discípulas. Dentre elas estava Joana, esposa de Cuza, procurador de Herodes, Maria Madalena, Suzana e muitas outras que haviam sido curadas e contribuíam com seus bens para ajudar o ministério de Jesus.

Nenhum mestre havia ousado incluir mulheres entre seus discípulos. Aquilo era completamente irregular. Assim como os galileus eram considerados ignorantes e ineptos como mestres, as mulheres eram tidas como incapazes. Não se considerava possível que uma mulher conseguisse se tornar aprendiz de um mestre, seja lá do que fosse, simplesmente porque as mulheres eram reputadas como despreparadas para qualquer função que não fosse ter filhos e cuidar de atividades domésticas.

No Sinédrio, essa questão deve ter incomodado o suficiente para ser usada como argumento contra Jesus. Porém, quanto a isso, nada fizeram. Talvez tenham ponderado não atiçar a fúria do procurador de Herodes, já que sua esposa Joana estava envolvida. Isso seria um desgaste desnecessário. Devem ter concluído que o melhor seria deixar esse demérito ficar visível naturalmente pelo próprio galileu. De tão gritante, haveria de ser uma questão de tempo para que aquilo se tornasse motivo de chacota entre os judeus. Ninguém aceitaria aquela tolice. Logo veriam em que patamar aquele Mestre se encontrava e o abandonariam, levando-o a cair em descrédito. Enfraquecido, esperariam para confrontá-lo em questões mais importantes, dando-lhe um golpe final e, se necessário, deveriam se preparar para algo mais drástico.

Ao contrário do que esperava o Sinédrio, dia após dia, o nosso povo acorria mais a Jesus. Tanto mulheres quanto homens. Seu ministério se fortalecia e milagres eram testemunhados. As últimas notícias davam conta de que em Cafarnaum, o servo de um centurião romano fora curado e na cidade de Naim, algo ainda mais incrível aconteceu: Jesus conseguiu trazer o rapaz de volta à vida durante o seu enterro. Ele ressuscitou o filho único de uma viúva em meio ao funeral. *Além de seu poder sobre a natureza, sobre enfermidades do corpo e da alma, sobre espíritos malignos, Jesus também tinha poder sobre a morte?* Se para uma pessoa simples como eu, tudo parecia cada vez mais estrondoso e inaceitável, fico pensando como estava sendo para o Sinédrio em Jerusalém ouvir os relatórios dos espias que mantinham colados em Jesus. Será que eles não consideravam, em nenhum momento, abaixar a guarda e pensar diferente? Minha esperança era de que nem todos deveriam se identificar com a inveja e ódio dos radicais religiosos. Pelo menos deveria haver alguns como Nicodemos. E era bom que tivesse pessoas ponderadas porque as coisas estavam esquentando ainda mais. Na sua campanha incansável pela região da Galileia, Jesus realizara algo que abalaria ainda mais o Sinédrio. Diante dele foi levado um endemoniado cego e mudo. Não chegamos a saber se quem trouxe esse homem foram seus familiares ou os próprios fariseus, que se sentiram aviltados e pretendiam testar Jesus. O fato é que estava proposto mais um desafio considerado impossível. Segundo o que meu pai havia me explicado, um endemoninhado mudo só poderia ser liberto pelo poder do Messias verdadeiro. E os fariseus estavam ali para observar o desfecho, ávidos pela revanche, prontos para ver Jesus desabar no conceito das pessoas.

Não sei o que os fariseus sentiram diante da cena que viram. Acho que foi raiva e espanto. Da Sua maneira simples, Jesus curou aquele homem. Sequer precisou perguntar o nome do que afligia o homem. Não nominou para dominar. E foi assim que aquelas pessoas presenciaram o segundo milagre messiânico realizado por Jesus: a expulsão de um espírito maligno que causava mudez. Inconformados, os fariseus o enfrentaram. Fizeram graves acusações dizendo que seu poder vinha do próprio poder maligno ao invés de vir de Deus. Queriam desconstruir sua imagem a qualquer custo. Ao associá-lo ao inimigo de nossas almas, negaram que ele era o Messias, portanto negaram sua essência divina e, com isso, negaram a presença do Espírito Santo de Deus na vida de Jesus. Mesmo advertidos para que não fizessem aquilo porque se tratava de um pecado imperdoável, um pecado contra o Espírito Santo de Deus, os fariseus não lhe deram ouvidos. Jesus ainda os alertou que esse pecado os levaria a algo terrível, uma injustiça sem tamanho. Disse-lhes que estavam cegos de bom senso e de razão e, dessa forma, estariam se condenando à morte espiritual. Soubemos que os alertas do Mestre não foram atendidos por aqueles homens. Depois dessa lamentável situação, Jesus não ensinou mais do jeito que ele vinha fazendo. Começou a usar um jeito diferente, eram parábolas que ele contava, de maneira que a mente dos seus perseguidores ficava confusa sem entender o que ele queria dizer.

Os líderes religiosos não desistiram e fomentavam um complô contra Jesus, no esforço de humilhá-lo, persegui-lo, desacreditá-lo. Todos percebemos quando os enviados do Sinédrio começaram a persegui-lo, confrontando-o abertamente. O silêncio havia acabado. Suas ordens eram parar aquele homem antes que o povo o aclamasse como Messias. Conquanto viesse sofrendo enfrentamentos constantes, o Mestre persistia em seu trabalho. Tal demonstração de resiliência e força começava a ganhar a simpatia e o respeito de uma parcela entre os líderes religiosos e pessoas influentes de Jerusalém. As notícias que chegavam à capital da Judeia provocavam interesse pelo ensino e pelas obras do Mestre galileu, o homem que havia realizado dois milagres messiânicos. Era preciso que se desse a atenção devida ao que estava acontecendo, deixando toda a política de lado. Essas proposituras fizeram o Sinédrio se dividir entre os queriam saber e conhecer mais sobre Jesus e os queriam matá-lo.

Os dias eram absorvidos pelo tempo e nós continuávamos na nossa lida rotineira, cumprindo com as responsabilidades que o olival demandava. Na parte de trás da nossa casa, o depósito novo que os *tekton*s de Nazaré construíram já estava acomodando a nossa produção ampliada pelo jovem olival, que nos surpreendeu com tantos frutos. Cada vez mais botijas eram necessárias para acondicionar a quantidade de azeite que estávamos produzindo. Com a proximidade da Festa dos Tabernáculos, nós já nos programávamos para a viagem e o transporte da mercadoria. Yesher parecia mais sossegado depois das conversas com meu pai e por lhe atribuir maiores responsabilidades na nossa propriedade. Essa seria a primeira vez que ele se encarregaria de coordenar todas as etapas da viagem, desde o carregamento até a distribuição em Jerusalém. Há tempos eu não o via assim empolgado. Assim como eu, Yesher gostava do trabalho no olival, gostava de toda aquela movimentação, das refeições à sombra das árvores, da cantoria, de ver o azeite sendo envasado para dentro das botijas. Foi assim que nós crescemos em volta do olival. E meu irmão em nada desapontou. Preparou tudo para a viagem sem faltar um detalhe. Meus pais sorriam ao vê-lo tão responsável e capaz. Yesher parecia mais maduro. Nossos pertences seriam os últimos a ir para as carroças, que estavam lotadas. Partimos logo cedo com a caravana para seis dias de estrada, sol e poeira, se nada nos atrasasse.

Em Jerusalém, o movimento nessa época nunca decepcionava. Dessa vez, fomos direto para a estalagem, por uma viela que Yesher escolhera e desviamos dos maiores trânsitos de carroças e cavaleiros. Isso chamou-me a atenção. Meu irmão conhecia detalhes da cidade, como aquele atalho para onde deveríamos ir. Acabamos em uma estalagem onde nunca havíamos nos hospedado. Era um bom lugar e tinha um estábulo logo ao lado dos quartos, onde pudemos guardar os animais e as carroças, com possibilidade de vigiá-las. Meu pai ia começar a reclamar por não ficarmos na antiga hospedaria, onde ele já estava acostumado, mas minha mãe já foi elogiando o local escolhido por Yesher. Sem chances para meu pai, ele só desembolsou as moedas para o pagamento da estadia, sem nada mais dizer.

Na manhã seguinte, estávamos despertos com o raiar do sol e prontos para as entregas das encomendas. Jerusalém levantava cedo e o movimento já começava. Os mercadores atravessavam as ruas da cidade. As rodas das carroças se atritavam contra o calçamento e produziam um rangido no eixo. Todos levando e entregando mercadorias. Nós estávamos entre eles, com uma diferença: nossa carroça não fazia barulho, não nos faltava azeite para lubrificar os engates das rodas. Minha mãe e eu levávamos uma carroça com dois servos e meu pai e

Yesher conduziam a outra carroça com mais dois servos. Era o nosso pequeno comboio riscando as ruas de Jerusalém. Não sei dizer quanto tempo se passara. Ainda tínhamos encomendas para entregar. Minha barriga roncou de fome. A essa hora já teríamos comido alguma coisa se estivéssemos em casa, e minha barriga me lembrou disso. Mamãe ouviu o apelo do meu estômago e puxou de sua sacola um embrulho com nozes e frutas secas para me oferecer. Ela tinha preparado duas botijas com água e copos de cerâmica. Estacionamos as carroças onde não atrapalharia o trânsito, descemos e aproveitamos para esticar as pernas enquanto olhávamos o movimento. Os visitantes, vindos de vários lugares para a festa, já enchiam a cidade, assim como nós. Depois de muito tempo, eu me sentia mais segura com aquela cinta em meu joelho, ainda que o calor dentro dela fosse intenso e o couro ficasse manchado de suor. Eu até estava conseguindo levar sozinha algumas botijas para entregar aos fregueses. Fizemos nossa pequena refeição e continuamos o trabalho, queríamos terminar tudo antes do *Shabat*. Conseguimos. Antes do pôr do sol, concluímos todas as entregas. Havíamos passado o dia trabalhando sob o sol de Jerusalém. Voltamos para a estalagem, banhamo-nos e nos preparamos para a ceia. Eu estava exausta. Os dias de viagem e o trabalho das entregas haviam me vencido. Minhas pálpebras pesavam. Os sons do dia foram desaparecendo. Apaguei assim que me deitei na cama.

Um raio de sol entrou pela fresta da janela. Tocou meu olho. *Mas eu nem dormi tudo ainda!* Senti que eu tinha sono para mais um dia inteiro. Bocejei, enquanto me espreguiçava. Olhei o quarto que não reconheci de imediato. Então lembrei que era o *Shabat*, e estávamos em Jerusalém. Não havia trabalho algum a fazer. Hoje era só descanso. Pelos nossos costumes, não deveríamos andar muitos passos, nada que se assemelhasse a trabalho, nada que fosse cansativo. Um passeio ao sol pelas ruas de Jerusalém era irresistível. Tudo havia sido preparado no dia anterior para que o descanso do *Shabat* fosse completo. As lamparinas estavam cheias com azeite suficiente para permanecerem acesas por longas horas, os pães estavam assados, as comidas preparadas. Ninguém cozinhava, arava, semeava, colhia, debulhava grãos, guardava em celeiros. Não havia lavagem de roupas, nem tingimentos, nem fiação, nem costuras, nem atar ou desatar de nós. Não se ouvia o balido das ovelhas na tosquia. Ninguém saía para caçar, ou trabalhava o couro. Não se escrevia, nem se apagava, construía ou demolia, acendia ou apagava o fogo, transportava ou entregava objetos. Nenhum trabalho no *Shabat*, o dia do descanso.

Estávamos em Jerusalém, as pessoas se preparavam para ir ao Templo, o edifício monumental reconstruído por Herodes, o Grande. Uma obra arquitetônica que deve ter dado bastante trabalho aos *tekton*s jerusalemitas. O Templo de Jerusalém tinha passado por muitas ocorrências. Estava intimamente ligado à nossa história. Antes, o povo tinha o Tabernáculo, o Templo móvel que se deslocava por onde nossos ancestrais migravam. Davi sonhou com o Templo alicerçado nessa terra, sobre o monte onde Abraão foi provado em sua fé, "Deus proverá", disse ele a seu filho Isaque. Assim, Davi adquiriu o local e todos os materiais, para que seu filho Salomão o construísse.

Depois que o reino se dividiu em Reino do Norte — também chamado de Israel — e Reino do Sul — ou Judá

— Jerusalém e o Templo caíram em ruínas sob o ataque de Nabucodonosor, rei da Babilônia. Não lhe parecendo o bastante arruinar tudo, levou o povo cativo. Depois de décadas, Zorobabel, Esdras e Neemias puderam fazer o caminho de volta para nossa terra e se concentraram em reconstruir o Templo, os muros da cidade e o estado de espírito da nação. Zorobabel se aplicou a reedificar o Templo a partir dos escombros. Este ficou em pé bem mais que o primeiro Templo de Salomão, mantendo-se por quase quinhentos anos, até que Herodes resolveu reformá-lo, para lhe dar mais glória. Desejava assim conquistar os judeus hostis e eliminar qualquer aparência decadente que pudesse ser associada a seu reinado. Herodes também ampliou a área externa do Templo, criando os pátios, pórticos e escadarias. Ele o transformou em um local lindo e de satisfação para o povo, onde nos reuníamos para os festejos.

Nossa estalagem ficava ao sul da cidade, na região do monte Sião, não era longe do tanque de Siloé e do túnel de Ezequias. Dizia-se que os subterrâneos de Jerusalém eram cheios de surpresas. Mais tarde, saímos para ir até o Templo, no monte Moriá, o monte de Abraão. Yesher foi nos conduzindo pela rua próxima ao tanque. O ritmo da cidade estava mais lento em comparação ao dia anterior. Na beira do tanque, um homem lavava seu rosto e sacerdotes passavam em direção ao Templo. O homem andrajoso à beira do tanque parecia apenas mais um visitante que chegara à cidade, livrando-se da poeira da estrada. Tão logo lavou seu rosto, ele arregalou olhos ainda olhando para dentro do tanque, onde as águas se ondulavam.

—É assim que é a água? — disse o homem e levantou a cabeça para o céu. Parecia a primeira vez que via o tom azul que o pintava. Olhou suas mãos, seus dedos, unhas e se alegrou até com a sujeira ocre embaixo delas. Rindo, olhou de novo para o tanque e pegou um pouco de água na concha das mãos, admirado.

—Dá pra ver através dela! — continuou o homem.

Aquele homem olhou para Yesher, parado próximo dele, e disse que jamais tinha conseguido imaginar que a água era assim. Como meu irmão, nenhum de nós estava entendendo o que se passava com aquele estranho. Mas não havia dúvida que uma alegria o contagiava, parecia crescer em seu peito até sua boca irromper em felicidade:

—Eu estou vendo! Eu era cego e agora vejo! — falava o homem.

Ele olhava para tudo e para todos os rostos ao seu redor. Saiu andando e repetindo sem parar que estava vendo tudo, tudo o que antes nunca tinha conhecido. O azul do céu, a intensidade da luz do sol, as cores da cidade e suas pedras, as construções, os montes, o horizonte, as roupas das pessoas. Tanto era o regozijo em sua alma. *Eu entendi direito? Ele era cego?* Yesher já estava de volta e vimos algumas pessoas se aproximarem do homem, reconhecendo nele o mendigo cego que esmolava sentado à beira da estrada perto de Jerusalém. Outros disseram que não era possível, que apenas se parecia com ele. Mas em sua felicidade, aquele homem insistia:

—Sou eu mesmo!

—Se era você mesmo, conte-nos como foi que aconteceu de você deixar de ser cego?

—Eu estava à beira da estrada onde costumava ficar para pedir esmolas. Um cego não consegue trabalhar e eu precisava sobreviver. Então, o homem chamado Jesus veio até mim.

Pensei que ele me daria alguma esmola, mas em vez disso, ele fez algo estranho: misturou terra com sua saliva e passou nos meus olhos. Depois me disse para ir ao tanque de Siloé e que me lavasse. Eu fui, lavei-me e agora estou vendo.

Sim, eu me lembrei dele. Nós passamos por ele quando viemos para cá. Era aquele homem que estava sentado à beira da estrada, pedindo esmolas. Acabei me sentindo estranha porque seguimos viagem sem nada lhe dar. Agora ele estava ali, na nossa frente, não com uma esmola, mas com o presente da sua vida.

Para atestar sua cura, o homem foi levado para ser examinado pelos fariseus. O que ele estava afirmando era algo inesperado e fora da realidade. Quando o homem disse que havia nascido assim, sem vista, mas havia sido curado, os ânimos se acirraram e começaram os murmúrios entre o povo:

—Cego de nascença? Um cego de nascença foi curado? Quem curou o cego de nascença?

Eu já sabia a resposta. Ouvindo a voz do povo e entendendo exatamente o que aquilo poderia significar, os fariseus trataram de desviar o assunto. Como era sábado, surgiu a acusação de que aquele ato foi realizado no dia do *Shabat*, aquilo era um trabalho, feria a nossa Lei, portanto Jesus era um pecador, um homem que não guardava a Lei de Deus, alguém assim não era de Deus.

—Se ele é pecador, eu não sei. Mas uma coisa eu sei: eu era cego e agora estou enxergando!

O povo estava dividido. Mas algumas pessoas tiveram a coragem de se opor argumentando que um pecador não poderia realizar aquele milagre. Nosso povo tinha em mente que Deus tinha Seus ouvidos abertos para aqueles que temiam e praticavam a Sua vontade. Ninguém jamais ouvira que um cego de nascença tivesse sido curado, e seus olhos voltado a enxergar. Não demorou para as pessoas deduzirem que, se o autor do milagre não fosse uma pessoa de Deus, não poderia fazer coisa alguma. E como um cego de nascença havia sido curado, estávamos presenciando um milagre messiânico.

—É um milagre messiânico! Um cego de nascença foi curado! É um milagre do Messias! — começou a se ouvir em alta voz entre as pessoas que ali se ajuntavam. Não havia dúvidas de que a cura de um cego de nascença se tratava de algo extraordinário. Os três milagres messiânicos haviam sido realizados em pouco tempo. — O Messias chegou! Ele está entre nós! — ouviam-se as vozes dizerem. Logo o vozerio da aglomeração aumentou e já se ouvia o nome de Jesus sendo falado entre as pessoas, lembrado como aquele profeta que havia curado um leproso, um homem com demônio de mudez e agora um cego de nascença. Ele não havia realizado somente um, mas todos os três milagres que eram considerados de autoridade exclusiva do Messias, segundo a crença dos judeus. Finalmente o Messias, o ungido de Deus havia chegado, era o que todos estavam dizendo. Havia provas apontado para Jesus, o Messias. Os três milagres messiânicos, que nunca haviam sido realizados antes em toda a história, agora estavam diante deles.

Numa tentativa desesperada, os fariseus se puseram a desacreditar o depoimento do cego, afirmando que o homem estava mentindo e ele não era mesmo cego de nascença. Tratava-se de um embuste. A confusão se estendeu até que trouxeram os pais do homem que fora curado, e, na presença dos líderes religiosos, mesmo com medo do que pudesse lhes acontecer, confirmaram que o filho deles havia nascido cego. Sem perda de tempo lhe perguntaram como aquilo havia acontecido, e o cego confirmou que quem o curara havia sido Jesus, o profeta da Galileia. Novo tumulto se formou. Ainda que o cego atribuísse sua cura a Jesus e contasse em detalhes tudo o que lhe acontecera, os fariseus insistiam em afirmar que Jesus não passava de um pecador que não respeitava o *Shabat* como mandava a Lei. Alguém assim não poderia realizar milagres. Essa era a voz de quem enxergava a transparência da água, o azul do céu por trás dos desenhos das nuvens, a cor dos olhos e as expressões no rosto das pessoas a quem se ama. Mas, nitidamente, não era a opinião de alguém que nasceu privado de vislumbrar qualquer imagem e que agora sentia a felicidade que o impulsionava a dar testemunho.

Não havia mais nada a ser contraposto. Ainda assim, numa última investida, vi os fariseus acusarem o ex-cego de pecador:

—Você nasceu cheio de pecado. É muita ousadia vir aqui querer nos ensinar alguma coisa — e o expulsaram do Templo. Essa foi a solução que deram. Acusando o ex-cego de nascer cheio de pecado, os fariseus trouxeram à discussão o seu pensamento religioso inconverso, suscitando a antiga polêmica sobre de quem era a culpa por uma criança ter nascido cega: os pais pecaram e o castigo recaíra sobre o filho? Ou uma criança poderia pecar estando ainda no ventre materno?

Será que isso era mesmo uma questão de "quem pecou"? De apontar um culpado para uma tragédia? Eu não podia acreditar naquilo. Que resposta Jesus daria? Talvez ele já tenha dado a resolução dessa incógnita ao curar o cego de nascença. Passou pela minha cabeça que, ao acusar o ex-cego de ter nascido em pecado — fosse por culpa de seus pais ou dele mesmo — os fariseus acabaram de admitir que ele era cego, um instante depois de tê-lo acusado de mentiroso e nunca ter sido cego. Bem à nossa frente, estava um homem que tinha sido curado da cegueira, e outros homens que, mesmo tendo visão, não conseguiam enxergar.

13

Messias

*Jesus chorou. Então os judeus disseram:
—Vejam o quanto ele o amava. Mas alguns disseram:
—Será que ele, que abriu os olhos ao cego,
não podia fazer com que Lázaro não morresse?*
(JOÃO 11:35-37)

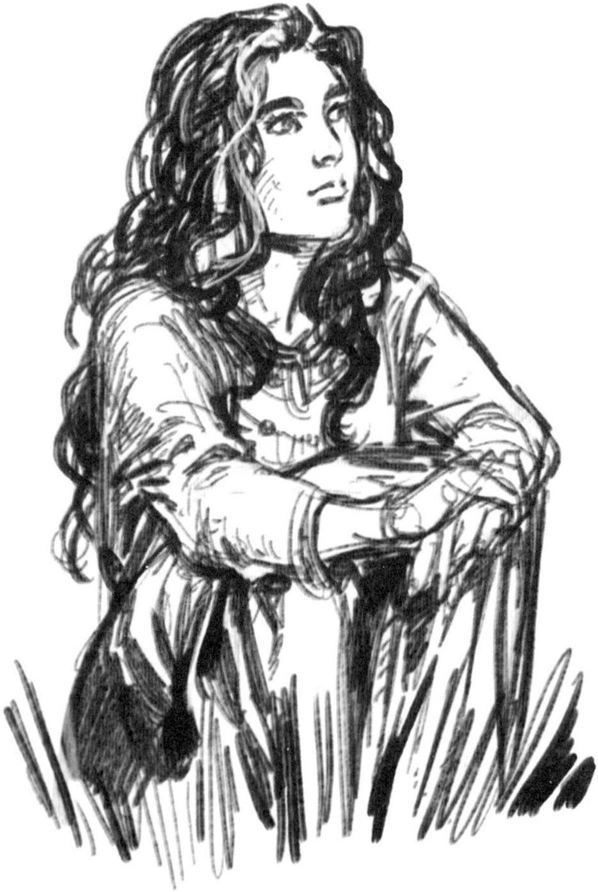

Naquela noite em Jerusalém, nos reunimos no cenáculo da estalagem. Mesa posta para a ceia, as conversas dos hóspedes zuniam do lado de fora de meus ouvidos, sem lhe atravessar as fronteiras. Falavam sobre a cidade, o Templo, a política, as comidas, as novidades no mercado. Em volta da mesa, demos graças pelo alimento, cantamos um salmo, servimo-nos e as conversas recomeçaram, transcorrendo sem me despertar interesse. Voltei-me para dentro de meus pensamentos onde permaneci até que ricochetearam pela sala as palavras que me despertaram: "Quem é esse homem? Como realizou os milagres? Ele é mesmo o Messias?". *Bendita a criatura que trouxe ânimo para esse jantar!* Deixei a companhia das mulheres reunidas do outro lado da sala e me aproximei de meu pai e de Yesher.

Um homem de pouca estatura com o rosto visivelmente encovado embaixo de uma barba comprida emitia sua opinião em um sotaque carregado, que eu mal podia entender. Depois da última comemoração da Páscoa, no ano passado, ele não pudera vir a Jerusalém, mas durante uma de suas viagens de barco, um dos mercadores tementes a Deus como ele lhe contara as novidades. Depois de ouvir seu colega contar sobre os feitos impressionantes do galileu, ambos comentaram que Jesus devia estar se tornando um incômodo para o Sinédrio. Com isso em mente, ele chegou a Jerusalém e pode sentir os ânimos alterados. Percebera o quanto Jesus desagradava Caifás.

Ao perguntar se alguém já tinha visto esse Jesus sobre quem todos falavam, o cenáculo irrompeu em vozerio. Todos começaram a falar desordenadamente. Cada um tinha algo a dizer sobre o Mestre. Um dos presentes pediu a palavra e esperou até que todos ficassem em silêncio. Era um homem de barba e cabelos brancos, respeitado mercador de Belém, bem-vestido, que falava com desenvoltura, alguém que aparentava ser bem relacionado, acostumado a conversar com diversos tipos de pessoas, incluindo as de alta posição. Ele disse que o Sinédrio estava dividido. Nem todos votavam por calar o galileu. Alguns mestres da Lei queriam saber mais sobre ele, principalmente depois do que acontecera em Betânia.

—Jesus é o Messias, não tenho dúvidas! O seu ensinamento e as demonstrações de poder são provas suficientes. Mas somos um povo desconfiado, com dificuldade para crer. Fomos tão humilhados, maltratados durante anos e anos, que nosso coração se tornou duro como uma terra pisada e repisada, onde as sementes lançadas têm dificuldade para brotar.

Era uma questão de fé, a mais antiga crise e obstinada luta dentro do espírito humano. Ter fé, acreditar no invisível e inaudível é um esforço para qualquer um, em se tratando de mentes questionadoras e inquietas, é hercúleo. Nosso coração era terra seca que precisava ser arada e depois regada com água da vida para receber a boa semente. A amabilidade de Jesus nos fazia ver o deserto em que o nosso coração habitava. Ele era um contraste com nossa apatia, um semeador do bem entre espinhos, desestabilizando a lógica e o poder, a religião e a política.

O ancião tinha razão. Poderíamos esperar se desencadear uma reação agressiva. Assim como eu, meu pai estava tentando obter os detalhes sobre o que aconteceu em Betânia e pediu ao ancião que lhe desse mais detalhes. Um homem ao lado de meu pai lhe disse, sussurrando:

—Você não está sabendo, homem? Só se fala sobre mais esse milagre de Jesus de Nazaré! — disse ele espantado.

A essa altura as mulheres já estavam postadas junto à mesa dos homens, atentas a todas as letras do que se dizia. Jesus se tornara o assunto de maior interesse ao redor das mesas judaicas. O ancião belemita retomou a palavra minuciando o ocorrido em Betânia, aldeia há aproximadamente sete quilômetros de distância de Jerusalém.

—Viajei de Belém para Betânia a fim de prestar condolências à família de Lázaro, meu amigo, um bom homem. Ele adoeceu gravemente e não resistiu. Lázaro era um homem conhecido, bem relacionado. Sua morte causou tristeza, e muitas pessoas foram a Betânia para dar apoio à família nessa hora difícil e prantear o amigo que se fora.

Alguns dos presentes que também conheceram Lázaro, confirmaram que ele era uma boa pessoa, alguém de bom coração. Outros falaram que também estiveram no sepultamento, mas não aguardaram os quatro dias de confirmação da morte, como se acreditava fosse o tempo necessário para que a alma deixasse definitivamente o corpo. O ancião continuou.

—Já haviam se passado quatro dias da morte de Lázaro quando Jesus chegou com seus discípulos. Sua presença não passou despercebida. Um homem como ele chamava atenção em qualquer ocasião. Eu não sabia que ele era tão amigo de Lázaro. Quando viu o túmulo, Jesus chorou. Em seguida mandou que fosse removida a pedra que fechava a tumba. As pessoas aconselharam que não se fizesse aquilo, já deveria estar até cheirando mal. Alguns ficaram indignados. Seria traumático para as irmãs do falecido. Mas ele insistiu e a pedra foi tirada. Todos cobriram o nariz quando o odor anunciou a finitude ali dentro daquele sepulcro. Jesus olhou para dentro do escuro, frio e vazio da morte, e, desafiando as leis naturais, ordenou: "Lázaro, vem para fora!". E Lázaro saiu envolto nos panos do sepultamento.

O cenáculo da estalagem se encheu mais uma vez de burburinhos até que o ancião de Belém retomasse novamente a palavra.

—O espanto de vocês hoje foi o mesmo sentido lá em Betânia. Sim, era verdade! Jesus fez ressuscitar um homem que estivera morto e sepultado há quatro dias. Diante desse assombroso milagre, as testemunhas se tornaram atalaias do feito de Jesus e alardearam a notícia. Alguns ali entre nós eram fariseus. Voltando para Jerusalém, contaram aos sacerdotes e Caifás.

Estava aberto o debate. Muitos queriam falar. "Ele seria capaz de impedir a proclamação do galileu como Messias?", "Para Caifás o povo é uma massa irracional, incapaz de discernir", "Ele impedirá o povo?", "Caifás fará qualquer coisa para evitar a aclamação de Jesus", "Ele não vai ter coragem, o povo pode reagir". Os questionamentos pululavam no cenáculo da hospedaria até serem de novo interrompidos pelo ancião.

—De fato, Caifás convocou uma reunião do Sinédrio para decidir como colocar um fim na ascensão de Jesus. É mais fácil conter um só homem, do que o povo inteiro. Melhor seria apenas um homem morrer, a ver perecer uma nação inteira. Eis o problema, senhores — disse o ancião.

—O senhor está dizendo que Caifás planeja matar Jesus? — alguém perguntou.

—Sim, é possível.

—Mas, então, o galileu não pode vir para Jerusalém.

—Prudentemente, depois de ressuscitar Lázaro, Jesus desapareceu com seus discípulos — disse o ancião.

—Dizem ter se refugiado no deserto de Efraim — disse um homem calvo.

—Mas em algum momento ele deixará a poeira do deserto — outro respondeu.

—Mas mesmo de onde está, Ele continua mandando recados ao Sinédrio. Refiro-me aos dez leprosos curados por Jesus — disse um etíope entre os hóspedes.

—Como? Do que você está falando?

—Há pouco tempo um leproso se apresentou ao sacerdote dizendo-se curado por Jesus, de fato.

—Porém, foi somente um homem e não dez — afirmou outro hóspede.

—Não, amigo. Eu vi quando eles se apresentaram ao sacerdote para procederem ao ritual de purificação, conforme a Lei de Moisés — respondeu o etíope — Eu repito: dez ex-leprosos se apresentaram ao sacerdote para receberem atestado de cura.

Ouvimos o relato do etíope com atenção. Os dez homens alegaram terem sido curados por Jesus e em seguida foram por ele enviados a se apresentar aos sacerdotes no Templo. "Vão e apresentem-se aos sacerdotes", foi o que Jesus lhes ordenara. Segundo o testemunho do etíope, eles estavam limpos, livres da lepra, assim como aconteceu anteriormente com o primeiro leproso que Jesus curara. Ninguém sequer se importou se dessa vez Jesus tocara ou deixara de tocar naqueles homens. Eram dez pessoas curadas de uma só vez! Isso seria dez vezes mais irritação para Caifás. Diante da exposição desses fatos, os outros hóspedes diziam:

—O que é isso agora? Esse nazareno cura gente em pencas? Dez leprosos de uma vez só!

—Só pode ser um enviado de Deus! Ele é o Messias!

—Eu concordo! Ninguém, senão o Messias, teria o poder de realizar os feitos que esse Jesus galileu realiza.

—Sim! Mas como o sumo sacerdote reagirá diante de tudo isso?

—Tenho certeza de que Caifás não está satisfeito. Eu o ouvi dizer: "Esse galileu zomba de nós", ele dizia, sem poder contestar o inexplicável em sua frente. Assim, mais uma vez, Caifás não teve como escapar de proceder os rituais de purificação dos dez leprosos — completou o etíope.

Para aqueles dez homens, o isolamento pela impureza da lepra acabara. Eles já não eram a escória, não precisavam mais se esconder, isolar-se nas cavernas das periferias, longe das suas famílias e da comunidade. Eles eram gente de novo. Não precisariam mais anunciar: "Leproso, leproso!", ao passar perto das pessoas. Nem andar cobertos da boca para baixo e com os cabelos desgrenhados, para não deixar dúvidas de sua impureza. Jesus os havia curado, estavam limpos. O poder de Jesus causava admiração no povo e ódio em Caifás. Jesus mandava mensagens claras ao Sinédrio, mostrava sua identidade como Messias junto aos sacerdotes. Era como se dissesse "Vocês me renegaram, mas vejam os sinais, reconsiderem". Se um leproso não fora suficiente, agora eles tinham mais dez homens curados. A dinâmica dos diálogos reverberava novamente pela sala.

—Sua volta é esperada na época da Páscoa.

—Sim, ele vem a Jerusalém todos os anos.

—Talvez o povo acolha Jesus calorosamente.

—Isso pode minguar o espaço para Caifás e Anás agirem.

O debate prosseguiu. Possivelmente durante a ceia em outras casas, estalagens e acampamentos em Jerusalém e seus arredores estivessem ocorrendo debates semelhantes, inclusive entre os sacerdotes. As últimas notícias vindas de Betânia ecoaram muito rápido por toda a região. As pessoas falavam em proclamar Jesus como Messias, outros o queriam logo como rei, mas não houve consenso se de fato o povo teria coragem para aclamá-lo. Depois da ceia regada a tão calorosa conversa, retiramo-nos, fomos ao estábulo ver como estavam os animais. Meu pai limpava a manjedoura, tirando restos e eu arrumei a aveia. Nossos jumentos deviam estar felizes com a folga, sem puxar carroça, sem movimentar a roda do moinho. Eles sequer precisavam se preocupar com aquelas questões. Yesher trouxe o cântaro com água fresca e verteu no bebedouro.

—A ascensão de Jesus é perigosa. Nem os sacerdotes, nem os romanos aceitarão. Eles vão fazer o mesmo que fizeram com João Batista — disse minha mãe.

—Isso não vai acontecer, Naamah, sossegue. Muitos não aceitaram o assassinato do profeta João. Eles não vão repetir essa loucura. Temem que o povo se revolte — disse meu pai, agradando os nossos animais e lhes oferecendo mais aveia.

—Mas, Oren, veja o que essas pessoas estão dizendo. Eles querem aclamar Jesus como seu líder, seja como rei, seja como Messias. Os sacerdotes não aceitarão perder o seu lugar e seu prestígio, nem Herodes, nem Pilatos desejarão correr esse risco.

—Se Jesus quisesse o lugar deles, ele já teria sinalizado, talvez até feito algo usando a popularidade que tem. Já tentaram fazê-lo rei por aclamação, você sabe, mas ele escapou das pessoas, fugiu delas. Ele evitou dessa maneira o confronto com o rei Antipas e seus apoiadores romanos. Ele não é um homem de violência. Ele é da paz e não está interessado em trono algum.

—Esse é o erro dele! Se ele usasse toda a sua popularidade e esse poder que ele demonstra para fazer o que é certo em favor do povo, ele conseguiria muito mais adeptos — disse Yesher.

—Mais seguidores do que os que ele já tem? Duvido que alguém consiga. Esse homem consegue falar ao coração das pessoas. Olhe quanta gente vai atrás dele! Ele fala de fé, Yesher.

—Então, ele continua sendo um fraco, mãe! Não vai durar muito. As pessoas querem líderes fortes a quem possam seguir e sentir segurança. Essa ladainha de amar ao próximo não resistirá a mais um massacre vindo dos romanos. Ninguém pode respeitar um sanguinário como Pilatos — disse Yesher.

Não era segredo para ninguém, Pilatos, o governador da Judeia, era mesmo odiado desde o momento em que pisou em nossas terras. Sua chegada foi marcada pelo intento de querer transformar o Templo de Jerusalém em local de adoração ao imperador Tibério, colocando estátuas dele no nosso lugar sagrado, um insulto. Além disso, ele expropriou recursos do Templo para construir um aqueduto e comandou a covarde chacina dos galileus rebeldes e opositores, grupo liderado por Judas Gaulanites, emboscados por seus soldados no momento em que, indefesos, apresentavam sacrifícios cerimoniais. Nessa armadilha sanguinária, os galileus foram executados sem piedade para servirem de exemplo a todos os inimigos. Mensagens enviadas no jogo político. Pilatos gostava disso. Mas, como violência gera violência, ele sabia bem que os revides viriam e os temia. Havia muita tensão no ar.

Não era gratuita a antipatia e agitação dos zelotes nos últimos tempos. Mais cedo ou mais tarde haveria um confronto. Era a isso que Yesher se referia.

—Já lutamos tantas guerras, meu filho, a história do nosso povo é marcada por elas. Mas o que ganhamos? Será que precisamos de mais derramamento de sangue? — continuou minha mãe.

—Mas, então, temos apenas que nos resignar e nos submeter à escravidão sempre? Não, eu acho que não! Eles são inimigos que nos oprimem, roubam-nos, humilham-nos! Por que querem tanto nos fazer escravos? Por que querem tanto nos espezinhar assim?

—Talvez porque não sabemos confiar em Deus o suficiente. Cantamos os Salmos dizendo que *Yahweh* é a nossa salvação, nosso socorro, escudo e fortaleza, mas não conseguimos transferir isso para os momentos comuns dos nossos dias, quando estamos cultivando o olival, negociando com os mercadores ou simplesmente andando pelas ruas da cidade na companhia dos nossos pensamentos. Nossas atitudes precisam ressoar as notas dessa fé, para compor uma música de louvor com a nossa vida — disse minha mãe.

Yesher saiu dali sem dizer para onde ia. Ele parecia ter se tornado intolerante até com nossa família. Eu via no rosto dos meus pais a preocupação com os pensamentos, atitudes e amizades de meu irmão, o zelote.

14

Crime em Jerusalém

*Então se cumpriu o que foi dito
por meio do profeta Jeremias:
"Pegaram as trinta moedas de prata,
preço em que foi estimado aquele a quem alguns
dos filhos de Israel avaliaram".*
(MATEUS 27:9)

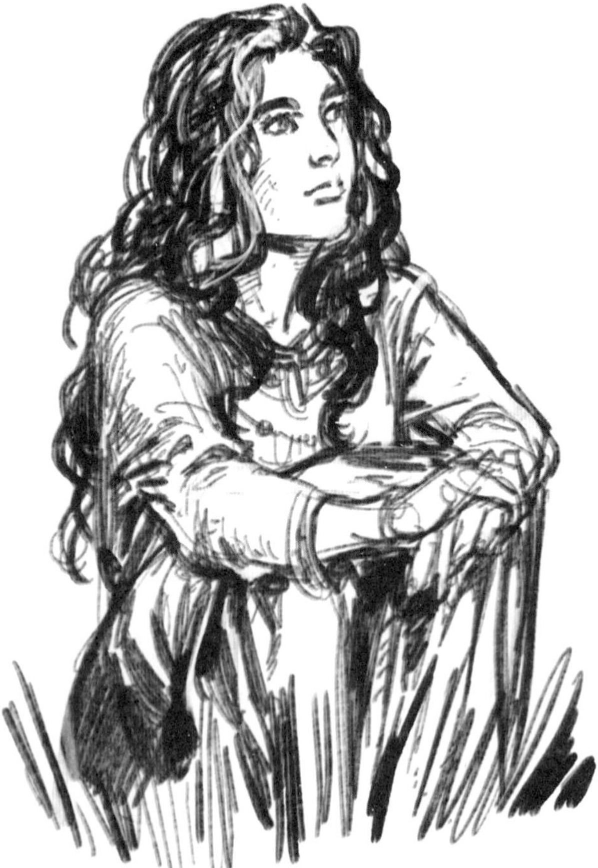

Há tempos vínhamos fazendo viagens curtas e a negócios. Dessa vez, estávamos dispostos a passar mais tempo na cidade. Meus pais queriam tempo para visitar seus amigos em Jerusalém. Com a venda da quantidade de azeite que trouxemos, poderíamos pagar pelos dias de hospedagem com muita sobra. Eu me deliciava em ver aquele movimento na cidade em meus passeios. Tudo era tão diferente da nossa vida pacata de agricultores em Caná! Acostumei-me a ver o olival, os trabalhadores, nossos amigos reunidos no Shabat. Agitação maior só víamos mesmo quando viajávamos para Séforis. Jerusalém era diferente, era maior, cheia de agilidade. Tinha a dinâmica oposta à nossa rotina. As pessoas do sul eram diferentes. Com certa frequência víamos gente da Idumeia, da Pereia, de Nabateia. Até alguns mercadores egípcios apareciam vez por outra. Eles se destacavam com os trajes brancos em algodão com desenhos pintados ou bordados, cabelos raspados e maquiagens extravagantes. Não havia dúvidas de que as mulheres judias também apreciavam maquiagens, talvez até invejassem as egípcias, mas havia restado em nosso imaginário uma associação infeliz com a desprezível Jezabel, esposa do rei Acabe, mulher que costumava se maquiar exageradamente.

Visitantes de terras mais distantes chegavam no porto de Jope e enfrentavam o último trecho da viagem. Eram dois dias pela estrada, pouco mais de 50 quilômetros até a capital. Pessoas não paravam de andar pelas ruas levando e trazendo mercadorias para abastecer tanta gente durante os festejos. Eu via passarem carroças cheias de botijas de vinho, cestos com uvas e outras frutas e cereais, verduras e condimentos, tigelas com azeitonas, frutas secas e castanhas. Os padeiros traziam em seus carrinhos pilhas de pães assados no calor das pedras aquecidas, pastores levando cordeiros amarrados com cordas, chegados dos campos em direção ao mercado da cidade. As estalagens estavam lotadas. Os que chegavam mais tarde, não conseguiam encontrar hospedagem. Muitos visitantes acabavam se hospedando nas casas de parentes, amigos ou mesmo de moradores que ofereciam suas casas para os visitantes se hospedarem. Aqueles que traziam suas próprias tendas, se instalavam nos campos ao redor da cidade. Crianças, idosos e deficientes físicos eram desobrigados pela Lei de participar das festas, mas se tivessem condições, vinham também.

No meio do vai e vem dos estrangeiros, brilhavam as armaduras romanas no peito estufado dos soldados, rondando cada palmo da cidade, impondo temor. A poucos dias da Festa da Páscoa, a cidade ia se tornando cada vez mais lotada, causando problemas para Pilatos resolver sem confusões. Era necessário vigiar e manter a ordem sem atiçar mais ódio pela presença romana. O tráfego nas estradas ao redor de Jerusalém era intenso, e as pessoas chegavam a todo momento à cidade. Yesher dedicava parte dos nossos passeios por Jerusalém para observar as movimentações dos guardas, seus hábitos, horários. Vez ou outra eu o via conversando com amigos vindos para as festas. Alguns eu via em nossa estalagem, procurando Yesher, que depois saía com eles. Outras vezes meu irmão saía sozinho a caminhar pelas ruas de Jerusalém. Eu o invejava. Queria poder sair sozinha por minha própria conta a passear por onde eu bem entendesse, explorando cada palmo da bela Jerusalém.

Estarmos numa estalagem longe da Fortaleza Antonia ajudou muito a fazer nossos dias em Jerusalém mais agradáveis, sem a visão do caolho. Até aquele momento não tínhamos encontrado o pavoroso Ciclope. *Espero que ele tenha voltado para Roma ou tenha sido removido para outro lugar.* Nem mesmo precisávamos assistir as frequentes marchas dos soldados entrando em formação ou passando a todo instante perto de nós, como sempre presenciávamos quando nos hospedávamos na antiga estalagem na qual meu pai gostava de ficar.

Saímos da estalagem naquela tarde para visitar um curtidor de couro, abrindo caminho em meio àquele turbilhão humano que se movia pelas ruas. A casa dele era do outro lado da cidade, fora dos muros. Meu pai disse que os animais estavam ficando preguiçosos com tanta folga, além do mais, seria bom que encontrassem pasto, então fomos de carroça. Eu sabia que ele queria me poupar da extensa caminhada. Fomos encomendar uma cinta nova para meu joelho. O artefato deu tão certo que meu pai achou necessário eu ter um sobressalente, sem contar que a cinta atual estava precisando trocar as tiras. O couro já assumira o formato certo do meu joelho e estava confortável, só precisava de reparos.

Ao chegarmos na oficina e encomendarmos o artefato, o curtidor tomou as medidas com muito cuidado, ajuntou ferramentas, escolheu um pedaço de couro e já começou a medi-lo e marcá-lo para o corte. Disse para aproveitarmos e passearmos pela região, enquanto ele fazia a joelheira, como ele a chamou. Perto dali, nos campos, moravam amigos de meus pais e aproveitamos para visitá-los. Eles eram criadores de cabras e também produziam quefir e coalhada. Passamos horas agradáveis com aquela família ali nos campos de Jerusalém, que não eram tão verdejantes como nossos campos na Galileia, mas tinham sua beleza.

Na volta, enquanto apreciávamos as paisagens da Judeia, meus pais comentavam sobre a importância da água para a sobrevivência do nosso povo. Eles falaram sobre as duas estações de chuva que tínhamos em nossa região: a primeira era chamada serôdia, e acontecia na primavera; e, no outono, ocorria a última época chuva, chamada temporã. Ambas eram vitais para a germinação do plantio, porque entre esses dois momentos, a estiagem dominava o cenário. Nesse período de seca, o orvalho se tornava um grande aliado como fonte de água, cobrindo os campos ao amanhecer e regando naturalmente as plantações. Mas nada que se comparasse à temporada das chuvas. Cada gota de água era armazenada em poços escavados nas rochas, fechados com uma tampa feita de pedra, para que permanecesse seguro e nada se perdesse, evaporasse ou se sujasse. Os moradores locais arrastavam a cobertura e se beneficiavam da água armazenada nessas cisternas como um bem precioso, racionada para durar até a próxima estação das águas.

Naquele momento, aguardava-se a chuva serôdia, as "primeiras chuvas", que aconteciam na primavera. Nessa época, também ocorria um fenômeno lindo que seguia o percurso do vale do Jordão. Era a afluência de água que começava com o derretimento das geleiras do monte Hermon, no extremo norte das terras de Israel, passando em caminhos deixados pelos leitos secos dos rios, inundando os vales do deserto da Judeia. Em alguns pontos chegavam a se formar cascatas enquanto as águas desciam até a região sul, irrigando o deserto do Neguebe, ao rumar em direção ao seu destino no mar Salgado. Eu gostaria de um dia ver esses rios de água da vida abundantes em todo o trajeto por onde passam, regando a terra seca e fazendo as sementes em estado dormente, germinarem. Águas que fazem o deserto florescer. São as torrentes do Neguebe, um milagre no deserto! E mesmo depois, quando as águas baixam e a estiagem volta, tudo se repete na estação certa, e as águas voltam a jorrar no deserto. Alguns caminhos por onde estávamos viajando ali na Judeia eram leitos secos de rios sazonais. Também atravessamos modestos córregos que, na época das torrentes, tornavam-se exuberantes e caudalosos.

Ao longo da jornada, pudemos ver alguns dos poços fechados com tampas de pedra, cisternas para o armazenamento dessas águas. Ouvia meus pais e pensava como uma semente poderia sobreviver tanto tempo resistindo à seca, ao sol, ao vento, ao frio da madrugada e ainda assim brotar e produzir flores e frutos no deserto quando as águas passam, regando o leito da terra onde estavam dormentes. A terra pode ser um deserto, mas a semente boa reage à água que passa sobre ela lhe trazendo vida.

Depois de horas agradáveis, deixamos os campos de Jerusalém em direção à oficina do curtidor de couro. Ele já tinha a joelheira pronta e nos aguardava. Entramos novamente em Jerusalém. Não havia ponto na cidade em que não escutássemos outras pronúncias e línguas sendo faladas. Sair um pouco do meio daquela azáfama babélica não foi má ideia. O sol já se aproximava da linha do horizonte, pintando-a com diferentes tonalidades adamascadas. Seus últimos raios se encontravam com a cidade, e pareciam banhar em ouro as pedras das ruas e prédios. A caminho da hospedaria, passamos por ruas cobertas com ramos de palmeiras e tamareiras. Talvez tivesse havido algum desfile ou recepção de chegada para alguma autoridade romana. De qualquer forma, estávamos com pressa para chegar à estalagem antes de anoitecer. Não queríamos correr risco de atrito com os soldados, parando-nos para que nos identificássemos e fazendo perguntas ameaçadoras.

Antes que o manto da noite cobrisse plenamente o azul do céu, estávamos de novo na estalagem. Os grandes portões de madeira foram abertos para nossa entrada. Seguimos para o estábulo onde guardamos a carroça e os animais e fomos nos preparar para a ceia. Subindo as escadas de madeira, cujos corrimãos eram bem polidos com cera de abelha, ficavam os quartos no piso superior, sustentado por colunata a rodear o pátio interno. A escada era um desafio para mim, mas com a joelheira era mais fácil vencer os degraus.

Um pequeno jardim a céu aberto acolhia os hóspedes que aguardavam o início da ceia, sentados nos bancos do pátio interno, bebericando um pouco de vinho e água. Eles mesmos se serviam das jarras ao lado de uma bandeja com copos sobre a pequena mesa colocada ao lado da entrada para o salão. Pela porta de dois arcos, via-se os servos apressados dentro do cenáculo. Quantidades generosas de pão, vinho e tigelas com muitas comidas passavam sem parar de pelas mãos dos servos até repousarem sobre as mesas. Ao seu redor, as almofadas eram afofadas e distribuídas.

O azeite das lamparinas era constantemente verificado para que não faltasse a iluminação no ambiente interno e nas lamparinas penduradas nas colunas do pátio. O cenáculo era espaçoso com paredes feitas de pedras bem cortadas e alinhadas, decoradas com tapeçarias e castiçais pendurados por correntes. Os hóspedes aguardavam pela presença de todos antes de entrarem no cenáculo. Já estava se tornando comum para mim. A hospedaria não era um palácio como o de Herodes, mas para mim era o maior luxo. *Eu poderia viver assim, sendo servida, pelo resto da minha vida. Nada mau para uma camponesa.* Vários convivas chegavam ao pátio da hospedaria e as conversas iam correndo soltas.

—Podíamos vê-lo bem porque ele estava montado em um jumento.

—Fizeram um caminho de ramos para ele passar.

—Parecia um desfile do triunfo!

—As pessoas gritavam: "Hosana! Bendito o que vem em nome do Senhor!".

—Jesus foi recebido com honras de rei!

—O que Caifás fará?

Então a recepção era para Jesus? Ele teve coragem de vir? Quando ele chegou? Uma entrada triunfal, como as que eu imaginava quando entrávamos em Séforis. O desfile da vitória. O povo havia aclamado Jesus como o Messias? A obra de Jesus havia sido reconhecida naquele dia com a sua entrada triunfal. E agora nos restava esperar para ver o que ele faria. Que milagres Jerusalém veria? Esperávamos o momento em que ele se revelaria com toda a força e nos livraria.

O novo dia se iniciou com o barulho nas vielas que cruzavam Jerusalém. Mercadores estenderam suas tendas pelas ruas e, sem cerimônia, subiram as escadarias levando mercadorias ao pátio do Templo. Andávamos entre as barracas, olhando os produtos expostos na feira. Comerciantes ofereciam, sem timidez, seus artigos a quem se aproximava, compondo o alarido dos diversos sotaques. Uma vendedora me ofereceu lenços. Eram lindos! Ela os colocava sobre a minha cabeça e me fazia olhar em um espelho, um após o outro, sem me dar tempo de escolher. Fiquei detida por instantes e minha família se adiantou alguns passos. Agradeci a mulher e virei-me para ir ao encontro deles. Saindo do meio daqueles tecidos pendurados, topei com a figura bizarra. O Ciclope me seguia. Fiz uma rápida e desesperada varredura do local em busca de um rosto familiar. Não pude ver ninguém. Ele se interpôs. Sozinha, senti o pavor daquele olhar monótono, trevoso como o fundo de um abismo.

—Eu sei quem você é. A menina do poço da Galileia, não é? Sempre lembro de você. Todas as manhãs quando coloco esse tapa-olho imagino quando teria a sorte de reencontrá-la. Só eu e você — diz Pavo, num sussurro ameaçador.

A voz dele chegou aos meus ouvidos como a memória exata do som da lâmina afiada da espada cortando o vento, até atingir de novo minha carne, talhando-a e fazendo meu ferimento antigo doer. Vi que ele puxou de seu cinturão um objeto conhecido, minha faquinha.

—Olha o que tenho aqui. Terei o prazer de usar em você e em todos os que me fizeram ganhar o apelido de Ciclope. Não tenho pressa. Vou concluir o que comecei aquele dia.

O sarcasmo, a voz, o cheiro, a figura à minha frente me enojavam. Tentei sair dali. Senti sua mão me segurar pelo braço. Meu cajado caiu aos pés de Yesher, parado logo ao lado, interrompendo o cinismo ameaçador do tirano. A guerra de olhares se esbraseava combustada pelo ódio mútuo.

—Tire essa mão nojenta da minha irmã — Yesher falou com ódio surpreendente, deixando Pavo ser tomado por um breve silêncio.

—Ora! Olha só quem está aqui, o menino atirador de pedras. Você cresceu. Mas não pense que essa sua barba rala me põe medo.

Movimentando apenas os músculos dos dedos, um de cada vez, o Ciclope soltou meu braço. Corri e me agarrei ao meu irmão. Já estavam ali os meus pais, nossos servos, outros amigos cananeus e mercadores. A movimentação não passou despercebida dos zelotes que se aproximavam sem se intimidar. Em instantes, Pavo estava cercado.

—Hum, você tem amigos, menino? Sabe... eu também tenho. E os meus são os que mandam em tudo por aqui.

O Ciclope esboçou em seu rosto um sorriso pequeno, debochado, sinistro. A poucos passos da confusão vinha marchando um grupo de soldados romanos tomando a direção de Pavo.

—Soldado, entre em formação! E vocês circulem! Nada de ajuntamentos nas ruas! Ordens do governador! Andem, vamos! Vocês estão aqui para uma festa, então vão se divertir! — disse o comandante da tropa.

Pela janela da hospedaria, ouvíamos as passadas dos soldados, contínuas, fortes, pesadas. Eu ficava o mais afastada da janela que podia. Eles se espalhavam pela cidade repleta de visitantes, cobrindo cada canto. A vigia noturna se intensificara. Havia rumores de revolta. Os comandantes estavam de serviço patrulhando as ruas com tropas bem armadas, até que as festas acabassem e o fluxo de visitantes diminuísse. Pilatos queria garantir que nada atrapalhasse a segurança da cidade. Para os guardas, nada de folga. Eles tinham ordens de conter quaisquer ações suspeitas e arruaças. Ali no cenáculo vi muitos torcerem o nariz, reagindo ao som das marchas que saltava janela adentro chegado das ruas. Nada que um gole de vinho não abrandasse e reconduzisse às costumeiras conversas noturnas na hospedagem.

Yesher não parecia nem um pouco interessado naquilo. Levantou-se e eu perguntei aonde ele ia. Disse-me que sairia para dar uma volta. Tentei lhe dizer que já era tarde, podia haver algum perigo, mas falei com suas costas. Ele atravessou o pátio e sumiu no interior da noite além do portão pequeno, uma abertura de madeira que havia no portão grande. Depois do jantar a rotina nos levou mais uma vez ao estábulo para nos assegurar de que os animais tinham alimento e água. Mesmo preocupados, voltamos ao nosso quarto para repousar mesmo antes do retorno de Yesher. Em pouco tempo, fomos vencidos pelo sono, cansados do passeio nos campos de Jerusalém.

Já estava amanhecendo quando ouvi os animais no estábulo se agitarem. Com todo o cuidado consegui me levantar sem acordar meus pais. Pus-me em pé com meu cajado e fui verificar se estava tudo bem. Era Yesher. Ele me mandou voltar para o quarto antes que eu acordasse todos os animais. Não sei se eu havia visto direito, não estava claro o suficiente, mas por um momento achei que ele estava lavando a túnica com a água das talhas para os animais. De volta ao nosso quarto, meu pai já se levantava. Viu que Yesher não estava ali e foi procurá-lo. Encontrou-o perto da porta do estábulo, olhando o movimento no pátio da hospedaria, de onde se ouvia bem os sons da rua. Minha mãe e eu chegamos pouco depois. Inquirido sobre a noite anterior, ele disse que havia saído para dar uma volta pela cidade, para fugir da tediosa conversa no cenáculo. Acabou encontrando um amigo com quem ficou conversando até mais tarde. Ao voltar, preferiu ficar no estábulo para não nos acordar. Minha mãe o observava, insatisfeita com aquela versão inocente, frente ao comportamento intranquilo de meu irmão. Meu pai observou que os humores de meu irmão não eram os melhores naquela manhã. Ele parecia agitado. Não querendo desencadear uma discussão naquele momento durante nossa viagem, convidou-nos para um passeio.

—Vamos ao mercado. Já devem ter chegado mais caravanas. Vamos ver o que trouxeram.

Eu estava animada, ao contrário do meu irmão, que se disse indisposto para sair. Fomos ao mercado por insistência de meu pai. Os mercadores eram infalíveis no trabalho, expondo suas mercadorias com suas frases chamativas. Ao nos aproximarmos, notamos o ambiente tumultuado. Soldados estavam levando dois homens para a prisão. Entre o povo, um galileu comentou com meu pai que os estavam prendendo só porque eram galileus. Meu pai perguntou qual seria o motivo, e o galileu respondeu que um oficial romano fora assassinado e os homens presos eram radicais revoltosos. Seriam investigados até que se comprovassem as acusações pelo crime. Olhei de volta para os galileus presos e eles não me pareceram desconhecidos. Minha mãe pediu que voltássemos para a hospedaria. Nada falamos no caminho. Atravessamos o pequeno portão de entrada da hospedaria e andamos pelo pátio procurando Yesher. Ele ainda estava na estrebaria, colado na parede próxima da rua. Meu pai esperou que um dos hóspedes terminasse de encilhar o jumento em sua carroça para sair. Yesher e meu pai o ajudaram e ele saiu agradecido, levando mercadorias.

—Onde você esteve ontem, Yesher? — perguntou meu pai com volume baixo de voz.

—O quê? Eu já disse, encontrei um amigo e fiquei conversando.

—Que amigo?

—Um amigo, pai, por quê?

—Um amigo zelote?

—Por que esse interrogatório agora?

—Houve um crime em Jerusalém e galileus estão sendo acusados de matar um oficial. Vimos dois deles serem levados presos. Eram sicários. Reconheci um deles, Yesher. Foi um dos homens que nos assaltaram na volta de Nazaré.

—O que está acontecendo, meu filho? No que você se meteu? Eu vi sua túnica suja de sangue, Yesher — disse minha mãe.

A arrogância de Yesher ruiu e meu irmão contou-nos em detalhes algo estarrecedor. Os sicários estavam vigiando Pavo, o Ciclope, pois ele havia espancado um homem, parente de alguém do grupo. Ele o prendera acusando-o de estar envolvido com pessoas que planejavam um motim. O homem fora levado para interrogatório no deserto, fora de Jerusalém, onde seus gritos não seriam ouvidos. A flagelação não cessou até que revelasse os nomes dos amotinados. O pobre homem fora deixado ali num dos montes naquele ermo para morrer ao sol. Foi encontrado porque os sicários se empenharam em ouvir conversas aqui e ali, para obter pistas que os levassem até onde o homem fora levado. Empreenderam buscas por aqueles montes até ouvirem gritos. Correram ao local e a cena que viram os aterrorizou. Um porco fora deixado amarrado junto do torturado, para chafurdar e comer grãos empurrados por baixo da pele, através de cortes na perna daquele pobre homem. Ele não durou nem mais um dia. A contaminação causada pela saliva do porco foi tomando seu corpo. Antes de morrer, o homem descreveu seu algoz: "Ele usava um tapa-olho". Era a confirmação do que eles já sabiam. Com ódio e vingança, o Ciclope passou a ser seguido e observado por vários dias. Durante a ronda da noite, ele andava pelas ruas de Jerusalém com seu colega de turno. Viram nisso uma chance de justiçar as maldades do caolho.

Já a uma certa distância do Palácio de Herodes, ao se aproximarem de uma viela bem estreita, um bando de sicários saltou sobre os dois soldados, arrastando-os para dentro da escuridão da ruela. Amarraram as mãos dos soldados e socaram em suas bocas trapos feitos das roupas pútridas do homem torturado, quebrando-lhes alguns dentes no amordaçamento. Eles se debateram, porém inutilmente. Estavam à mercê daqueles homens, cujos rostos se mantiveram cobertos por lenços. O Ciclope foi imediatamente reconhecido pelo inconfundível tapa-olho. O outro soldado era um oficial comandante, provavelmente um centurião. Nesse ponto da conversa, Yesher tirou do cinto a faquinha recuperada do cinturão do Ciclope, a mesma que o havia cegado. Tivemos a certeza de que Yesher estava entre eles.

—Como você se meteu nisso, meu filho? — perguntou meu pai.

Meu irmão continuou seu relato aterrador, dizendo que conhecia apenas um dos radicais e o encontrou naquela noite. Foi uma coincidência. O homem estava com pressa. Pouco conversaram. Ele ia encontrar outros sicários. Tinham um ajuste de contas com o Ciclope. Ao ouvir isso, Yesher pediu para ir junto. A princípio, o sicário não achou uma boa ideia. Disse que Yesher era inexperiente. Por insistência o sicário consentiu, advertindo-o para que ficasse preparado para correr. Saíram apressados. Lá no beco, quando viu o corpanzil imobilizado, Yesher puxou a pequena faca presa ao cinturão do Ciclope. Foi um impulso. Isso fez um dos homens lhe dizer: "Essa é muito pequena, rapaz. Tome aqui, rápido. Esse canalha merece uma lâmina maior". Era Barrabás colocando uma adaga na mão de meu irmão. "Esse é o estúpido arrogante, adorador de Baco", "O bêbado infeliz dos bacanais para o seu deus", "Alegrava-se, desgraçando outros", "Vamos limpar Jerusalém de gentalha como você", diziam eles. "E vamos começar com esse aqui", vociferou um dos sicários, estocando sem piedade a lâmina da sua adaga no oficial. E depois mais uma vez. E outra. O Ciclope, vendo seu colega ser morto bem ao seu lado, debatia-se, movimentava o olho para todos os lados procurando uma saída. "É olho por olho, dente por dente! Entendeu, Ciclope?", disse Barrabás. Irromperam as risadas ao mesmo tempo em que um pensamento invadiu a mente de Yesher.

—Vocês ouviram o que foi dito: "Olho por olho, dente por dente." Eu, porém, lhes digo: Não resistam ao perverso. Se alguém lhe der um tapa na face direita, ofereça-lhe também a face esquerda. (MATEUS 5:38-39)

Embora não quisesse pensar naquilo, essas palavras não o deixavam. Foram seus amigos Natanael e Simão, que lhe contaram a interpretação de Jesus sobre essa prática popular. Nunca dera atenção a Jesus, não era o discurso que queria ouvir. Preferia o vigor com que os zelotes falavam e principalmente o que faziam. Ele não podia entender por que aquelas palavras faziam sua consciência estremecer naquele momento. Baixou a mão que segurava a adaga, o que enfureceu Barrabás. "Vamos lá, rapaz. Não viemos aqui para deixar esse canalha vivo".

Yesher nos disse que só queria sair correndo dali. Suas mãos trêmulas e suadas deixaram o cabo da adaga escorregar. Ele tentou devolver a adaga, mas Barrabás transtornado, disse: "Não há tempo para covardia!", segurou sua mão e a empurrou contra Pavo. Seu abdômen foi perfurado com violência, a lâmina girada repetidas vezes. Yesher sentiu o metal se movendo nas entranhas do Ciclope, contorcido em um grito abafado pelas mordaças. O sangue jorrou por baixo do uniforme, escorreu pelo corpo, pelas pernas, pelo chão. O olho do soldado parou de se mover. Estava fixo em Yesher, não se fechou, somente foi escurecendo mais e mais, enquanto a vida ia fugindo dele. O Ciclope estava morto. Barrabás deixou a mão de Yesher se soltar, puxou a adaga e a limpou nas roupas de Pavo.

Ouviram passos na rua lateral. Em fuga, correram para o outro lado da viela. Soldados os seguiram de espadas em riste. Pelas ruas de Jerusalém, a perseguição se estendeu aos gritos, convocando mais soldados. Estava dado o alerta. Yesher fugiu desesperado, costurando sua escapada entre vielas, prédios, pátios, esgueirando-se para se safar da lâmina que o perseguia. Logo atrás dele, vinha um dos bandoleiros, também tentando escapar. Yesher deu uma olhada para trás, o lenço que cobria seu rosto caiu sobre os ombros. Viu de soslaio quando os soldados prenderam o sicário que o seguia. Isso lhe deu uma vantagem e se distanciou o quanto suas pernas puderam correr. "Será que viram meu rosto?". Correu com a velocidade insana da aflição.

Yesher contou que ziguezagueou pelas vielas, distanciou-se o máximo da cena do crime e subiu no telhado de um prédio, onde permaneceu imóvel. Podia ouvir seu sangue se mover pelas veias e seu coração batendo como um tamboril. Tapou a respiração ofegante levando a mão à boca. Viu sua mão manchada de vermelho, o sangue do Ciclope ainda úmido, misturado ao seu suor. Desesperou-se. Tentou limpar no chão, depois na barra de sua túnica, na parte interna. Perto dali três soldados o procuravam. Passaram correndo, vasculhando, prospectando espaços vazios cortados pelas espadas. Ficou ali escondido, um momento interminável. Não ouvia mais barulhos. Frio. Com a túnica colada ao corpo pelo suor, tentou se levantar. Seus músculos tremiam, suas pernas se dobraram, desmoronando ao peso insustentável de seu corpo. Desfaleceu.

O alvorecer veio lhe despertar com os sons habituais do movimento dos trabalhadores. Ele estava encolhido, enrolado em si mesmo. Aos poucos foi recuperando os movimentos e o formato do corpo. Todos os músculos doíam. As pálpebras faziam esforço como se erguessem fardos para se abrir. Não reconheceu o lugar. O chão gelado avisou-o que estava longe da cama. Recompondo-se, Yesher se levantou. As imagens do beco escuro lhe pinicaram a memória. Ainda não era o chão da prisão. Estava livre. Descobriu logo que os vestígios da morte eram a pior companhia. Dali de cima do telhado, examinou as esquinas em busca de soldados. Estavam espalhados por todo o mercado, vigiando os movimentos. Ele tinha que sair dali sem que o percebessem.

Alguns mercadores estavam chegando com carroças e seus jumentos barulhentos. Yesher aproveitou que as atenções se concentraram para o outro lado e desceu do telhado. Arrumou suas vestimentas, passou a mão pelo rosto, penteou a barba e os cabelos com os dedos e prendeu o lenço na cabeça. Respirou fundo. Saiu em direção à estalagem do outro lado da cidade. Soldados estavam por todos os lados. Yesher disfarçou, se misturou aos mercadores, conversou com eles. Pegou moedas no bornal e comprou um lenço novo e o arrumou sobre a cabeça. Em seguida, comprou frutas frescas, que carregou dentro do lenço usado na noite anterior, fazendo dele uma sacola. Ajudou um homem idoso a carregar seu cesto. Andou até a hospedaria, carregando sua insuspeita sacola de compras, entrou e foi direto ao estábulo, lavar-se. Ele disse que, logo em seguida, eu entrei no estábulo. Ele não sabia se eu tinha desconfiado de algo. Por fim, Yesher nos disse:

—A vingança não era doce como eu havia imaginado a vida toda. Minha garganta dói, engasgada com o ácido que sobe do meu estômago. Talvez da alma.

—Vamos embora. Arrumem tudo — disse meu pai.

Ele estava decidido. O que Yesher havia nos revelado nos deixara atônitos. Ele nos contou sobre seu envolvimento com Barrabás e seu grupo de radicais e sobre os assassinatos de Pavo e do comandante. Se alguém desse com a língua nos dentes e o delatasse, seu fim poderia ser a cruz. Nada mais humilhante havia do que a crucificação, pena reservada a criminosos desprezíveis, pendurados no Gólgota, o Calvário fora dos muros da cidade, de onde poderiam ser vistos a distância, sem o incômodo odor, uma vez que o crucificado poderia ficar ali até seu corpo começar a se decompor, sendo depois jogado na vala comum. As pessoas que passavam na estrada próxima do Gólgota, temiam a visão, pois sabiam que representava uma morte lenta, dor latejante, tormento mental, sufocamento, angústia.

—Yesher, o que você foi fazer, meu filho? — minha mãe disse chorando.

Meu pai sabia que Yesher corria perigo se ficasse ali. Alguém o delataria, ele seria descoberto uma hora ou outra. Os romanos seriam implacáveis e não desistiriam até prender todos os que participaram do assassinato. Meu pai soube de uma pequena caravana de estrangeiros que iria para o Norte em direção a Damasco. Comprou lenços e mantos com bordados sírios e os trouxe para nós. Havia soldados romanos disfarçados entre o povo, investigando, procurando qualquer um que parecesse pertencer ao grupo de revoltosos, sobretudo galileus. Apressamo-nos para nos juntar à caravana de partida pela Estrada Samaritana. A essa altura, isso era o que menos importava, seria até um caminho mais seguro para viajarmos.

15

A Páscoa perdida

Pilatos saiu outra vez e disse aos judeus:
—Eis que eu o apresento a vocês, para que saibam
que não encontro nele crime algum.
Então Jesus saiu, trazendo a coroa de espinhos
e o manto de púrpura. E Pilatos lhes disse:
—Eis o homem! Quando viram Jesus, os principais
sacerdotes e os seus guardas gritaram:
—Crucifique! Crucifique!
(JOÃO 19:4-6)

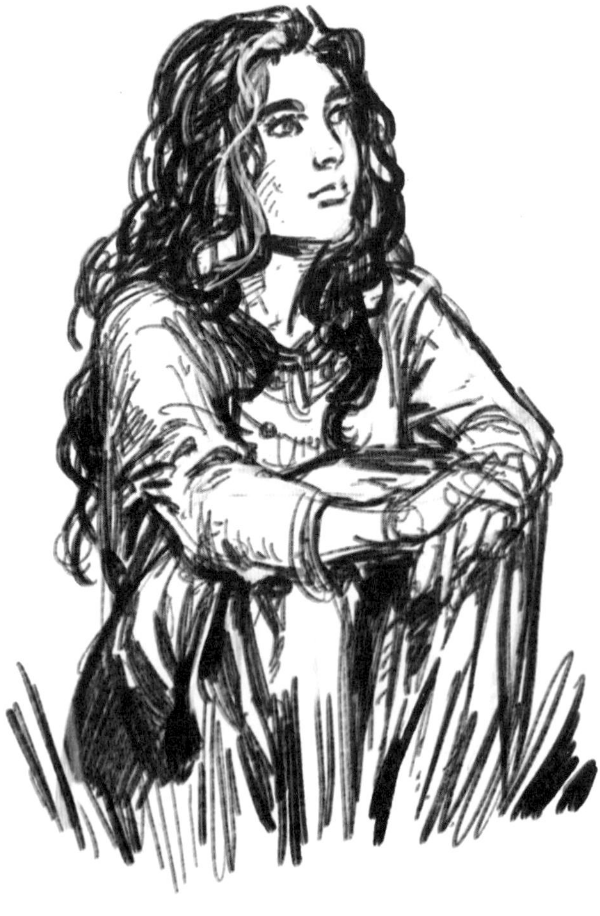

Durante quatro dias, conversamos apenas em aramaico com aqueles viajantes que usavam o grego comum apenas para os negócios. Eles pertenciam a uma tribo de arameus estabelecida há várias gerações na Síria. Moravam em uma aldeia não muito distante da cidade de Antioquia. Falavam algumas palavras desconhecidas que rapidamente incorporamos ao nosso vocabulário. Na saída de Samaria, nos separamos. A caravana síria seguiu para Tiberíades e nós seguimos por Naim, viajando sozinhos nesse último percurso. Nossa pequena Caná nos aguardava, menos movimentada naqueles dias em que muitos ainda estavam em Jerusalém. Ficou ainda mais forte o vazio de termos passado a Páscoa na estrada, pois era a primeira vez que isso acontecia. Minha vontade era de que enfeitássemos a casa, preparássemos as comidas, enchêssemos as lamparinas com azeite e fizéssemos a nossa própria celebração. As imagens mentais da festa foram assaltadas pelas revelações de Yesher. A disposição para as comemorações se esvaneceu. Ao chegarmos à casa, tudo parecia em ordem, os servos que haviam ficado para vigiar a propriedade nos receberam com alegria pelo nosso retorno. Estava igual como a deixamos.

Amanheceu em Caná. Os primeiros raios de sol se esparramavam pelos montes e campos. Eu trouxe comigo a memória do sol tingindo de dourado os telhados e ruas de Jerusalém, enquanto a agitação na capital apenas começava. Nada que se assemelhasse à nossa pacata cidade. Eu olhava para o nosso olival com saudade, como se tivesse passado anos fora. Nossa rotina nos aguardava e eu ansiava por ela, na tranquilidade de Caná. Que nada se alterasse, era o meu desejo. Temia por meu irmão. Recomeçamos nosso trabalho no olival e na horta.

Estávamos quase de volta à nossa vida. Yesher passava a maior parte do tempo no depósito organizando botijas e cestos, limpando tudo. Depois mudava de lugar, martelava pregos para montar prateleiras novas, aproveitando melhor os espaços. Meus pais mantinham os olhos na rua na frente da nossa propriedade. Os servos haviam sido orientados a não permitir a entrada de nenhum amigo de Yesher e também que avisassem sobre a chegada de soldados em Caná. Durante o jantar, meu pai e Yesher repassaram possíveis rotas de fuga pelos fundos da propriedade em direção aos montes. Nada estava igual ao que era. Andávamos pela sombra do medo.

Os cananeus começaram a chegar de volta às suas casas dias depois de nosso retorno. Em cada caravana que regressava de Jerusalém, espocavam notícias que não queríamos ouvir. Jesus fora preso no Jardim das Oliveiras pelos guardas do Templo, quando estava em oração no lugar da prensa de azeitonas, o Getsêmani. No interrogatório pelo Sinédrio, Caifás e Anás condenaram Jesus, apresentando falsas testemunhas. O Sinédrio bem sabia que a sentença de morte só poderia ser executada pelo governador da Judeia. Então, ainda era preciso convencer Pilatos, único com poder legalmente constituído para executar condenados. Levaram Jesus até a Fortaleza Antonia, no Pretório, onde ficava a residência de Pilatos. Ele interrogou Jesus. Não achou nada que o condenasse, porém percebeu a inveja dos religiosos judeus.

Como Jesus era galileu, Pilatos deslocou a confusão para dentro do palácio do rei Herodes Antipas, onde o governador da Galileia costumava vir para passar as festas em Jerusalém. Animado pela possibilidade de Jesus lhe proporcionar algum entretenimento, Antipas pediu que lhe fizesse truques de mágica que espantassem seu tédio. Como nenhuma resposta obtive de Jesus, Antipas o devolveu a Pilatos, deixando as questões jurídicas por sua conta. Após esse incidente, houve uma melhora no relacionamento entre os dois governadores, que antes mal se toleravam.

Jesus estava de volta à Fortaleza Antonia. Pilatos tinha em suas mãos um imbróglio, era preciso resolvê-lo sem se tornar mais odiado do que já era, depois do massacre do grupo de Judas Gaulanites. Foi aí que ele se perdeu, segundo a opinião dos mercadores. Contaram-nos que a solução encontrada por Pilatos foi aproveitar o costume de libertar um preso durante a Festa da Páscoa. Assim ele pretendia angariar a absolvição junto à opinião pública. O governador da Judeia armou um tribunal popular em que apresentou Barrabás e Jesus. O povo escolheria a quem daria o indulto de Páscoa. Foi a maneira que ele achou de se livrar do problema, não condenando um homem injustamente à morte. Barrabás era um guerreiro, hábil com a espada, um líder nato. Bem conhecido do povo por ser bandido salteador e insurrecionista. Criminoso afamado, participante de um grupo de guerrilha rural cujos alvos eram os ricos e os pertencentes às altas classes sociais de Israel. Entretanto, seu ódio era destinado aos romanos. Sua ficha acumulava anotações sobre múltiplos crimes na Galileia e na Judeia, roubos, assaltos nas estradas, rebelião e homicídio. Ele estava preso, acusado de tumulto e do assassinato de um oficial. Parecia a escolha óbvia para a cruz.

O que Pilatos não esperava era que Anás e Caifás conseguissem instigar o povo a favorecer um bandido como Barrabás. O argumento dos sacerdotes foi acusar Jesus da blasfêmia de se autodenominar o Filho de Deus. "Blasfêmia!", gritavam eles. Aos sacerdotes, logo se juntaram os vendilhões expulsos do Templo e as testemunhas falsas do julgamento no Sinédrio. Muitos tiveram coragem de enfrentar a insanidade de Anás e Caifás e gritaram o nome de Jesus, mas foram abafados. A voz dos discípulos de Jesus, de seus seguidores, dos simpatizantes e mesmo dos sacerdotes partidários de Nicodemos não foram fortes o suficiente para refrear aquela injustiça.

Pilatos percebeu que estava perdendo o controle da situação. Por mais que tentasse, o povo se agitava e não estava mais disposto a ouvir qualquer argumento. Tudo o que ele mais temia, estava acontecendo bem na sua frente. Se não tomasse uma decisão rapidamente, seria taxado de incompetente, tanto perante aquele povo, quanto aos olhos dos romanos. Ele não poderia permitir que um incidente assim afetasse sua carreira, suas ambições políticas, caso notícias assim chegassem a Roma. O tumulto aumentava. Antes que a situação lhe fugisse por completo das rédeas, Pilatos tomou sua decisão, chamando a atenção do povo para lhes falar.

—Estou inocente do sangue deste homem. A responsabilidade é de vocês!

Mandou que trouxessem uma bacia com água e lavou as próprias mãos diante de todos. Não havia dúvida para nenhum de nós que ouvíamos aquela história que, ao lavar as mãos, Pilatos usava nosso próprio costume de purificação para indicar publicamente que estava limpo de qualquer culpa pela morte de Jesus. Agindo assim, o governador da Judeia contentou a multidão insuflada pelos sacerdotes comandados por Caifás e Anás.

Barrabás, o bandido inclemente foi solto, comemorou sua liberdade e em seguida sumiu da vista de todos. Muitos dos romanos que presenciaram a soltura daquele criminoso consideraram que Pilatos curvou-se diante da gritaria de um povo insano. Não se conformaram. Afinal, um assassino responsável pela morte de um oficial romano fora liberto. Se não agradara os romanos que estavam ali, não contentaria as autoridades em Roma. Soubemos ainda que Pilatos complementou sua escalada de péssimas escolhas mandando açoitar Jesus. Sabíamos que os chicotes usados pelos romanos costumavam ter pequenos ossos amarrados às suas cordas, para lacerar não só a pele, mas camadas mais profundas. Todos nós ficamos atônitos, golpeados pelas notícias que ouvíamos. Era inacreditável que o homem que há pouco dissera não ter encontrado crime algum em Jesus, agora o enviasse para ser torturado pelos açoites romanos. Para a soldadesca, foi uma diversão. Fizeram-lhe uma coroa de espinhos e espetaram em sua cabeça, vestiram-no com um manto e zombaram dele:

—Vejam o Rei dos judeus!

Depois de tudo, obrigaram-no a andar até o monte Gólgota, fora da cidade, carregando o madeiro onde seria pendurado no poste da sua crucificação.

Jesus morreu.

16

No invisível

*Porque isto é o meu sangue, sangue da aliança,
derramado em favor de muitos,
para remissão de pecados.*
(MATEUS 26:28)

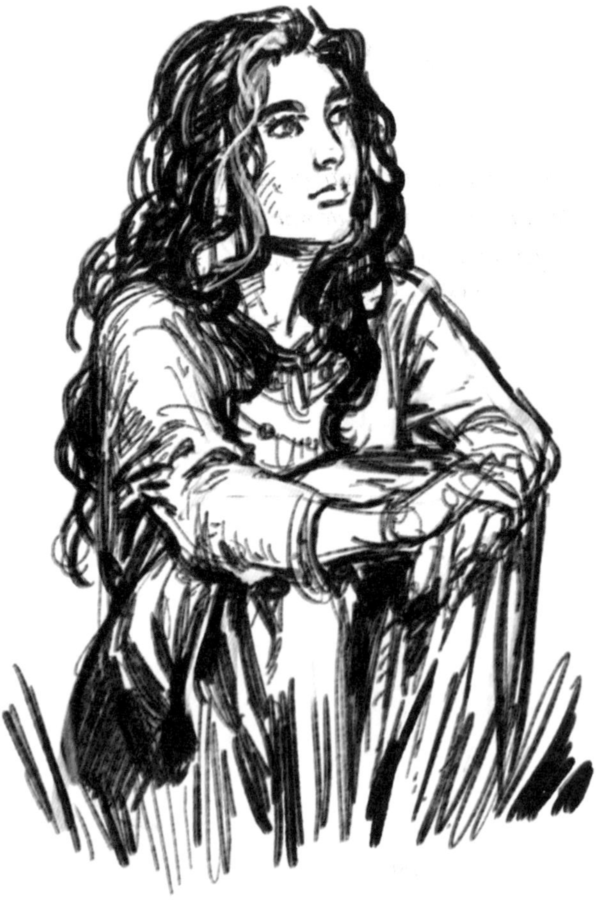

A Galileia estava aturdida pela notícia da morte de Jesus. O clima não poderia ser pior. *Crucificado? Como puderam fazer isso? Ele não era um bandido!* A cruz era o selo do ultraje com que Anás e Caifás encerraram o assunto. Jesus estava morto e com humilhação. O *titulus* foi fixado com pregos na cruz, logo acima de sua cabeça. Na tabuleta, o seu crime fora escrito: Jesus Nazareno Rei dos Judeus, em hebraico, grego e latim, três línguas para não deixar dúvidas a nenhum estrangeiro que passasse por aquela estrada.

   Os dias se passavam e Caná não parava de receber notícias ruins. Mercadores chegaram à cidade e informaram que destacamentos de soldados romanos viajavam pela Galileia com o intuito de prender qualquer galileu que tivesse ligação com o bando de Barrabás e com a morte dos militares romanos. Nesse momento, havia uma tropa bem próxima de Caná. Estremecemos. Não parecia algo bom. Eles procurariam por Yesher. Tudo o que temíamos estava acontecendo. Meu pai pegou um odre com água e minha mãe preparou uma sacola com pães e outra com peixe salgado e deu a Yesher. Vi meu pai tirar de sua bolsa, presa ao cinto, o dinheiro que estava ajuntando para os impostos. Entregou tudo a Yesher.

—Meu filho, pegue. Você precisa partir agora. Esconda-se nas cavernas e não saia até que seja seguro. Eles estão a cavalo, são mais rápidos, não ande pelas estradas. Não saia do esconderijo até que você tenha certeza de que os romanos partiram. Procure Simeon em Ptolomaida, diga que você precisa de ajuda e peça que ele embarque você para longe, onde os romanos não saibam quem você é. Fuja de encrencas.

Meu irmão chorou. Ele não queria ir, mas sabia que não havia mais futuro para ele em Caná. Minha mãe se desesperou e chorou abraçada com ele.

—Fique vivo, meu filho! — disse Naamah, beijando sua face — Tente chegar em Filipos. É longe o suficiente. Procure Lídia, ela é nossa parente, sei que ela o ajudará.

Abracei meu irmão.

—Não se esqueça de nós. Não se esqueça do que Jesus ensinou — eu disse a meu irmão.

Yesher secou as lágrimas com as bordas do manto. Guardava dor no coração. Ele olhou para minha perna, e eu consegui ler o que o seu olhar dizia: *Ele curou sua perna? Você continua manca, uma mulher aleijada. Que diferença fez Jesus para mim?*

—Ele pode perdoar pecados — respondi em voz alta aos seus pensamentos, — era o que ele repetia sempre ao curar alguém: 'A tua fé te salvou. Vá e não peques mais'. Cura da alma, essa é a maior cura.

—Não sei como você pode pensar nisso. Jesus se fez líder e não nos libertou, continuamos escravos de Roma. E eu tenho que fugir porque lutei contra os verdadeiros bandidos.

—Nossa maior libertação precisa ser a do coração. Ele nos deu a opção de vida e não apenas de existência. Você não vê?

—O que eu vejo é que eu me tornei um bandido caçado e tenho que fugir. Eu ajudei a matar um homem.

—A morte de Pavo começou há muito tempo, desde quando escolheu aquela vida de maldades — disse minha mãe.

—Se o crime não tivesse acontecido, Barrabás não teria sido preso e Jesus poderia estar vivo. Ele não tinha culpa nenhuma. Eu ajudei a condenar à morte mais vergonhosa um homem cheio de virtudes. O meu erro o levou até aquela cruz. Ele era um homem bom. Por causa do meu pecado o inocente morreu. Eu sou um miserável! Não consigo fazer o bem, mesmo assim, estou vivo. Aquele lugar na cruz era meu.

Nada além de lágrimas foi capaz de preencher o silêncio a nos rodear.

—Todos temos nossos crimes. Todos nós temos os nossos pecados e as nossas culpas. Apenas os deixamos escondidos — disse minha mãe.

—Ele era inocente. Eu sou culpado. Eu ajudei a matar Jesus também.

—Tenho a impressão de que Jesus sabia qual seria seu destino e não fugiu. Eu não entendo por que, mas foi assim que ele escolheu ao ir para Jerusalém — disse meu pai.

—Mas ele morreu! Fez-nos acreditar que era o Messias e morreu humilhado, na vergonha da cruz como um criminoso sentenciado. Na verdade, não pôde salvar a si mesmo. Como pretendia salvar as pessoas? Nem você ele curou, Haya. Ele curou tanta gente, mas não curou você, minha irmã. Será que você não vê?

Quando aquelas palavras iam me machucar, meu coração se comoveu com algo novo. Um sentimento mais forte que não tinha percebido antes me envolveu. Parecia um abraço. Meu irmão já ajeitava seus pertences nas sacolas para amarrar sobre os ombros.

—Yesher, — eu disse e meu irmão se voltou para mim — Jesus me curou, sim!

—O quê? — disse ele olhando para minha perna mais uma vez.

—A minha alma, Yesher. Algo aqui dentro de mim já não é o mesmo. Ele tocou a minha alma e me curou. Não consigo explicar, mas sinto uma força, não sei. Acho que Suas palavras ficaram vivas no meu pensamento e, poderosas, dissolveram mágoas antigas. Eu não sei como aconteceu, mas a amargura que eu guardava, não me tortura mais. Só percebi agora. No lugar da mágoa, eu sinto paz. Não consigo explicar. Apenas sinto que isso me basta. Percebo que não queria me desfazer do ressentimento, agarrava-me a ele, alimentava-me dele. Eu contestava, duvidava, não entendia e me trancava em mim mesma. Sinto que me despedi do ódio embolorado, guardado, antigo e agora meu esforço é para não o encontrar mais. Não quero perder o que recebi.

Por alguma razão que eu desconheço, algo como um sopro de vida nova me alcançou. Não sei como descrever, mas se parece com o frescor da brisa quando o sol esquenta nossa pele no olival. Igual aos aromas do azeite sendo extraído das olivas ou quando entramos em casa e sentimos o cheiro bom de lar. O que sinto se parece com bálsamo perfumado e medicinal, igual àqueles que a mamãe faz com o azeite, só que derramado na alma, trazendo bênção e vida. Eu entendo as palavras do cego: 'Não sei quem ele era, só sei que eu era cego e agora vejo'. Compreendo o que sentiu o leproso ao ver sua pele limpa de novo. Como se o mesmo acontecesse à pele da minha alma. E não posso deixar de imaginar o que está sentindo Lázaro de Betânia.

Então, me diga: como alguém pode desprezar tudo o que Jesus fez? Como temos coragem de desprezá-lo? O inocente que foi julgado injustamente e sentenciado à cruz. Condenado por não se curvar a padrões tortos e corrompidos. Morto por fazer o bem. Todos somos injustos. Todos pecamos. Assim mesmo ele nos tratou com amor e respeito. 'Eu vim para que tenham vida e a tenham em abundância', ele disse. Assim ele conseguiu tocar a minha alma. É invisível? Sim, mas eu vejo.

—Haya, nada disso pode mudar a minha condição. Continuarei a ser um criminoso e fugitivo. Mesmo que Jesus me perdoe, as pessoas não o farão. Não há misericórdia para mim.

—Apenas creia e tenha bom ânimo. Foi o que Jesus disse e eu repito isso a você.

—Talvez eu aprenda isso, minha irmã, um dia, mas agora não consigo. Vou para bem longe daqui. Em Filipos ninguém conhece Jesus, ninguém falará sobre ele e sua história permanecerá esquecida, assim como eu pretendo que minha história seja esquecida.

Yesher se despediu, pegou suas coisas, passou pela porta da nossa casa e partiu. Sua imagem ficou borrada e umedecida em nossos olhos pela dor da despedida.

Poucos dias após a partida de Yesher, mais uma caravana vinda de Jerusalém passou por Caná. As notícias agora eram inacreditáveis e se replicaram por toda a cidade. Testemunhas haviam visto Jesus novamente vivo. "Jesus ressuscitou!", diziam. *O quê?* Era só o que se falava. Várias caravanas voltavam para suas cidades de origem carregando em suas bagagens as notícias sobre Jesus crucificado e depois ressuscitado. Eu não esperava ouvir aquilo. *Será possível?* Tantas coisas passavam pela minha cabeça, mas não isso. Procurava me aproximar dos viajantes e mercadores, para ouvir o que eles tinham a dizer. *Mas onde estaria Jesus se estava vivo? Será que íamos vê-lo de novo? Onde encontrá-lo?*

Juntando os depoimentos que eu ouvia, soube que a primeira pessoa que viu Jesus ressuscitado foi sua discípula Maria de Magdala, seguida pelas outras mulheres, também seguidoras de Jesus, quando foram à tumba em que o Mestre fora sepultado para levar os bálsamos aromáticos para as honras funerais. Elas foram as últimas a estar com Jesus na sua morte e as primeiras a vê-lo ressuscitado. As discípulas contaram o que viram, temerosas, pois o testemunho de mulheres não tinha validade legal. Então, outros discípulos foram ao túmulo e o encontraram vazio.

A pedra que fechava o sepulcro fora rolada, rompendo os lacres e cordas colocados por exigência do Sinédrio, partidários de Caifás que de imediato fabricaram estratégias para desacreditar os depoimentos sobre a ressureição de Jesus. Foi gerada uma controvérsia quanto ao depoimento dos guardas que vigiaram o sepulcro. Eles mudaram a primeira versão sobre a ressurreição, para uma segunda versão em que o corpo teria sido roubado pelos discípulos. Não foi difícil descobrir que os guardas foram subornados. O Sinédrio ficou ainda mais desunido. Vários líderes deixaram claro que não apoiaram o malfeito contra Jesus e não concordavam com as práticas de mentiras e subornos. Tantos boatos trouxeram dúvidas a muita gente. Era difícil acreditar em ressurreição, mas também era cada vez mais difícil acreditar em Caifás e seu grupo.

Muitos se lembraram das palavras de Jesus sobre sua ressurreição. Mais testemunhos de pessoas que viram Jesus ressuscitado surgiam com o passar do tempo. Outra vez Jesus estava mandando mensagens com provas de seu poder. No caminho para a cidade de Emaús, dois discípulos viram Jesus quando voltavam para casa. Ele caminhou com eles e depois entrou em sua casa para cear. Assim que o reconheceram ele desapareceu de suas vistas. Os próprios discípulos contaram que ao anoitecer daquele domingo, no terceiro dia a contar de sua morte, eles permaneceram trancados na casa onde estavam hospedados, com medo dos que lhes pudesse acontecer. Pensativos sobre o que fariam a seguir, o Mestre lhes apareceu durante o jantar. Puderam ver as marcas que os cravos deixaram em suas mãos e pés. Viram também o corte feito pela lança do soldado na lateral de seu tórax. Além desses mais chegados, outras pessoas relataram ter visto Jesus bem vivo. Anás e Caifás se tornaram os sumos sacerdotes que sacrificaram o Cordeiro de Deus, como o profeta do deserto, João Batista havia batizado Jesus à beira do Jordão. O altar escolhido pelos sacerdotes foi a cruz onde o sangue do Cordeiro foi derramado. O justo pelos injustos. Mas eles não previram a ressurreição de Jesus, o estrondoso acontecimento que se propagou por Jerusalém, assim como as torrentes do Neguebe correm por todo Israel e fazem o deserto florescer.

17

Desígnio

*Quanto a vocês, a unção que receberam dele
permanece em vocês, e não precisam
que alguém os ensine. Mas, como a unção dele
os ensina a respeito de todas as coisas,
e é verdadeira, e não é falsa, permaneçam nele,
como também ela ensinou a vocês.*
(1 JOÃO 2:27)

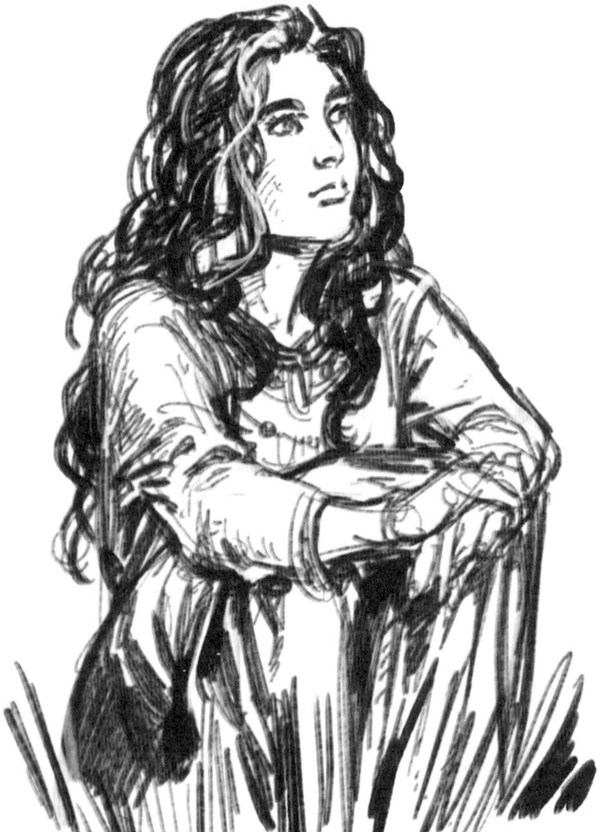

Os lagares poderiam ser parecidos, mas nenhum era igual. Os aromas eram semelhantes, a translucidez na cor esverdeada do azeite, os processos de trabalho, porém cada lagar tinha sua própria vida, seu ritmo, seus cuidados. O Getsêmani, lugar da prensa do monte das Oliveiras, era bem diferente do nosso lagar em Caná, junto do nosso olival. Eu que pensava já saber tudo sobre lagares e azeite, precisei ir tão longe de casa para aprender algo novo. Percebi que a oliva no lagar sofre para produzir o azeite. Depois de colhida, ela é moída, triturada, prensada até que todo o sumo lhe seja extraído. Não pude deixar de comparar. Ouvi sobre o que Jesus passou desde que fora traído por um amigo e preso no Getsêmani, para ser conduzido a um festival de torturas e humilhações que culminou na cruz. O sacrifício de alguém tão bom e puro fez verter o azeite, joia líquida, o bálsamo medicinal derramado sobre a alma humana, capaz de curar de uma vez por todas a ferida maior, ainda aberta e dolorida. A ferida chamada pecado. Espontaneamente se entregou, ninguém o forçou. Foi para esse momento que ele veio e dele não fugiu, nem se escondeu, nem se omitiu. *Quanta dor Jesus precisou sofrer para me dar a salvação! E eu nada fiz para merecê-la, mesmo assim ele levou os meus pecados, curou minhas feridas da alma e, de pecadora, redimiu-me. Acolheu a mim como eu estava, recebeu-me do jeito que eu era. Será que um dia entenderei?* Jesus era o bálsamo que curou os leprosos, deu vista aos cegos, fez mudos falarem, surdos ouvirem, libertou os cativos do poder das trevas e venceu o pecado que gera a morte, para repartir conosco a vida eterna.

O dia a dia no olival e no lagar trazia agora um significado incomum. Eu chegava a esquecer de minha perna, só lembrando quando a sentia repuxar. Mesmo isso também era logo esquecido porque me sentia grata pela joelheira que me permitia até andar sem tantas dificuldades. O trabalho continuava o mesmo, a rotina também, mas meu olhar para as coisas que me cercavam já não era o mesmo, como se eu tivesse nascido de novo. Recebi a cura mais difícil: a da alma. Não havia mais revolta, ressentimento, mágoa mofada, raiz de amargura que eu havia escondido tanto tempo. Havia mais gente como eu, que sentia algo parecido. Pessoas que queriam conversar sobre as obras de Jesus, compartilhar e viver junto de quem também estava tentando entender o legado do Cristo. Talvez sentíssemos saudade de Jesus. Esperávamos um dia revê-lo. No lugar chamado eternidade, onde a glória de Deus brilha mais do que o sol. A única coisa que me incomodava era quando pensava em Yesher. Queria tanto poder lhe contar que Jesus havia ressuscitado, que sua mensagem estava viva. Ansiava que ele se sentisse como eu estava me sentindo. Tudo havia mudado, não havia dúvida. O impacto da presença de Jesus havia me transportado para uma nova condição de dentro para fora. E eu não era a única. Aos poucos conseguíamos entender, absorvendo os efeitos da presença de Jesus entre nós naqueles dias.

Notei que, ao nos reunirmos na gruta do lagar, conversávamos mais sobre as obras de Jesus e tentávamos entender suas palavras. Cada um lembrava de algo que tinha ouvido ou visto. Estar ao redor da mesa que Jesus e seu pai haviam feito para nós, reforçava o elo com o Mestre. Tudo ainda era muito recente e intenso. Em minhas orações eu pedia a Deus pelo meu irmão. Onde ele estará? Orava para que alguém pudesse chegar até onde ele estava e lhe contasse as boas-novas sobre

Jesus, embora a possibilidade de isso acontecer fosse quase nula. Seria muito difícil essas notícias atravessarem o mar e chegarem onde ele estivesse.

O sol acabara de despontar e os perfumes do olival habitavam o ar em torno da nossa casa. Nós estávamos mais uma vez dedicados a trabalhar desde bem cedo até o começo da noite. Ainda não tínhamos juntado dinheiro suficiente para pagar o imposto e contávamos que as próximas vendas nos ajudariam. Ampliamos a produção na horta e começamos a vender parte da produção na cidade. Minha mãe voltou a produzir cerâmicas com a ajuda das servas. Para isso, o forno velho ao lado do lagar foi reformado. Minha mãe estava animada com suas botijas, vasilhas, jarras, vasos, lamparinas. As primeiras botijas e lamparinas que ela cozeu ficaram para nosso uso doméstico. Com a retomada da prática, as peças logo começaram a ganhar beleza e poderiam ser vendidas para ajudar a juntar o dinheiro dos impostos. Estávamos indo muito bem, criando alternativas de sustento enquanto esperávamos os frutos amadurecerem para a colheita e produção de azeite.

A nossa satisfação foi interrompida quando vimos uma tropa romana trotando portão adentro de nossa propriedade. *O que esses soldados estariam fazendo aqui? Ainda não é época da coleta de impostos.* Estavam adiantados, mesmo assim era para isso mesmo que eles vieram. A tropa chegou em maior número do que o de costume. Meu pai se inquietou. Ainda não tínhamos acumulado todo o dinheiro dos impostos, desde que havia dado tudo a Yesher. Nem tínhamos começado a vender o azeite. Aquela conversa não ia ser boa. Já de início, os romanos se mostraram pouco pacientes e, diante da resposta de meu pai de que ainda não tínhamos todo o valor dos impostos, foram nos acusando de financiar bandidos rebeldes com o dinheiro que devia ser pago a Roma. Não houve tempo para que sequer pedíssemos maior prazo até que o olival estivesse pronto para a produção.

O comandante deu uma ordem e um grupo de soldados saiu cavalgando pela horta, destruindo tudo o que havíamos cultivado para o consumo da nossa casa. Outro grupo passou por cima das peças cerâmicas, quebrando tudo o puderam. As mulheres gritaram, pedindo que não fizessem aquilo. Em vão. Tudo foi pisoteado, arruinado. Alguns dos nossos empregados, que estavam na horta, tentaram salvar uma parte das hortaliças. Não houve piedade. Os cavaleiros atropelaram e feriram quem se interpôs em seu caminho. Meu pai gritou e implorou que nada fizessem contra as pessoas ali, mas foi interceptado pelo comandante, que ainda montado em seu cavalo, deu-lhe um chute no rosto. Ele caiu. Antes que pudesse se pôr de pé, o oficial romano apeou da montaria e, junto com outros dois soldados, deram uma surra em meu pai. As mulheres começaram a gritar e pedir que nada fizessem contra eles, mas qualquer um que abrisse a boca ou tentasse impedir, levava bofetadas e empurrões.

—Onde está o amigo de Barrabás? — disse o comandante, afinal.

—O quê? — disse meu pai com voz fraca

—Não se faça de desentendido, homem. Onde está o amigo de Barrabás? Vocês pensam que esses bandoleiros são seus amigos, mas eles mesmos delatam seus companheiros. Ninguém resiste à tortura.

Meu pai permaneceu quieto. Vi o risco que uma lágrima fez, traçando caminho no meio do sangue espalhado em seu rosto inchado.

—Para agricultores simplórios, vocês têm amigos estranhos. Bandidos e profetas são esses a quem vocês acolhem. Povo ignorante. Todos vão para a cruz, assim como o seu amigo messias galileu. Digam duma vez onde está o rebelde galileu amigo de Barrabás, que matou soldados romanos — disse o comandante, erguendo meu pai pela túnica.

Mas não havia nada a ser dito. Não havíamos recebido mensagem alguma de meu irmão. Não sabíamos onde ele estava. Mesmo que soubéssemos, nada diríamos.

—Não sabemos — murmurou meu pai.

—Como é nome dele? Onde ele está?

Meu pai balançou a cabeça negativamente e permaneceu em seu silêncio. Então, o oficial não sabia o nome de Yesher. Talvez o informante tenha sido morto antes de contar tudo o que sabia. Talvez Yesher tivesse uma vantagem boa e eles nunca o encontrassem.

—Vocês dois, revistem tudo! Procurem o covarde que deve estar escondido por aqui. Não o matem ainda. Tragam-no vivo. Tenho umas perguntas a lhe fazer.

Dois soldados saíram pela propriedade revistando tudo, entraram em nossa casa, ouvimos o barulho de coisas se quebrando. Foram até o depósito, mais ruídos de objetos se despedaçando. O comandante fez mais perguntas a meu pai. Sem respostas, continuou batendo nele, até derrubá-lo de novo. Ele estava muito ferido. Sangrava. Estava sem forças para se mover. Alguns dos servos que tentaram proteger meu pai receberam socos e chutes. As mulheres e crianças foram ameaçadas. Algumas esbofeteadas. Gritos, tapas e empurrões se seguiram. O medo tomou conta de todos nós. Não tínhamos chance. Sentíamos que algo muito ruim aconteceria.

No calor dos acontecimentos, não nos demos conta de que chegavam pessoas ao redor do local. Uma tropa romana em formação não entraria despercebida em Caná. O estardalhaço atraiu a vizinhança. Cercando o local estavam também as pessoas necessitadas, para quem deixávamos parte dos frutos no olival e da horta. Olhando ao redor, os soldados empunharam suas espadas e se contiveram por um momento. Viram um povo numeroso se aproximar. Mais gente chegava. Cananeus vinham trazendo nas mãos paus, pedras, fundas, ancinhos, garfos de eirado, facas. Prevendo o confronto iminente, o comandante recuou. Ordenou que a tropa se ajuntasse.

—Nossas ordens são para prender rebeldes. Não estamos aqui para iniciar uma nova guerra entre romanos e galileus — gritou o comandante.

Nem ele nem a tropa estavam dispostos a esse desgaste. O oficial fez um sinal e reagrupou todos os soldados em formação de defesa. Buscou no alforje um documento. Desenrolou o decreto e entregou a um soldado que o pregou em local visível. O documento continha decisões inesperadas. O comandante aguardou que o soldado terminasse de pregar o decreto, esperando que o clima se acalmasse. Assim que o soldado voltou à formação, o oficial fez uma declaração em alta voz, para todos ali o ouvirem:

—Saibam que aqueles que não pagarem os impostos regularmente, serão punidos com a perda de suas propriedades. Terras estão sendo confiscadas pelo Império Romano. A partir de agora esta propriedade passa ao domínio de Roma.

Quem interferir ou ajudar rebeldes contrários ao imperador também terá suas terras confiscadas e serão considerados inimigos.

Meu pai estava no chão e todos estávamos em volta dele. Minha mãe e eu estávamos ajoelhadas ao seu lado, tentando limpar o rosto ensanguentado e edemaciado. O comandante olhou para meu pai no chão e aproximou-se da família e empregados. O povo se agitou. O comandante parou e falou baixinho o suficiente para ouvirmos.

—Saiam daqui. Essas terras são de Roma! Peguem suas coisas e sumam! Vocês têm até amanhã pela manhã. Se ainda estiverem aqui, serão considerados intrusos fora da lei e irão para a prisão.

O comandante fez uma pausa e complementou:

—Caso continuem vivos até amanhã.

Em seguida deu ordem de retirada aos soldados. Todos voltaram aos cavalos e, em formação, deixaram o local. Sabíamos que eles acampariam nos arredores da propriedade, para manter a vigilância. As pessoas que ali estavam vieram ao nosso encontro e nos ajudaram a nos recompor. Mulheres piedosas traziam vasilhas com água e frascos com unguentos para limpar os machucados. Ataduras foram amarradas em volta da cabeça do meu pai. Ele não parecia bem. Seus olhos mal abriam, inchados, arroxeados. Ninguém podia acreditar no que tinham acabado de ver. Lamentaram conosco por nosso destino e ofereceram pouso em suas casas. "É perigoso ficar aqui. Eles podem voltar a qualquer momento", diziam. Agradecemos a ajuda e aceitamos passar a noite na casa de um de nossos amigos. Meu pai pediu que ajuntássemos as nossas coisas, tudo o que pudéssemos carregar e colocássemos nas carroças. Precisávamos partir. O recado fora claro. As pessoas nos ajudaram a carregar botijas de azeite que ainda sobraram da quebradeira dos soldados. Pegamos nossas roupas e outros pertences. Separamos tudo o que podíamos carregar. Foi com o que enchemos as duas carroças. Meu saltério levei comigo na bolsa a tiracolo.

Antes que o sol despontasse, estávamos em pé nos preparando para a viagem que não queríamos fazer. Minha mãe e eu arrumamos tudo com a ajuda dos servos. Os nossos amigos estavam nos ajudando em tudo o que podiam. Fizemos os preparativos finais o mais rápido possível. Alguns vizinhos apareceram àquela hora para nos ajudar e lamentar conosco. Alguns tinham buscado na nossa casa os pertences que ficaram para trás na pressa de sair dali. Trouxeram de suas casas mais bálsamos e ataduras limpas para os ferimentos de meu pai, pães assados, frutas secas, peixe seco e alguns odres com vinho e botijas com água. Eram nossos amigos, sentiríamos sua falta. Aquelas pessoas que sempre encontravam em nossa propriedade comida e água vieram se despedir e agradecer por tudo o que fizemos por eles. Seus rostos entristecidos nos desejaram uma boa viagem e as bênçãos de Deus.

Ainda era tão cedo, e a casa dos nossos amigos já estava cheia de gente. Estávamos para deixar para trás tudo o que nossa família havia construído em Caná. Da noite para o dia, não tínhamos mais o olival, o lagar, a casa, bens e agora deixaríamos os amigos. Alguns vizinhos receberam nossos empregados e cuidaram dos que estavam feridos, mas os servos mais chegados não quiseram nos deixar e vieram conosco, arriscando tudo por nós. Sabíamos que a chance de sermos emboscados durante a jornada era bem grande. A despedida dolorosa se encerrou com o rodado das carroças carreando os primeiros palmos no solo pedregoso da Galileia. A mesa do lagar me veio à lembrança e me despedi dela. O sacolejar da estrada incomodava muito meu pai. As dores não o deixavam. Vez ou outra o víamos levando as mãos ao abdômen para protegê-lo dos balanços na carroça. Mal ele podia se mexer. Fizemos trouxas com os mantos e túnicas que carregávamos para amortecer os solavancos. Vê-lo com o rosto desfigurado nos entristecia.

Os primeiros clarões do dia logo revelaram a paleta da aurora. Tínhamos pela frente aproximadamente a jornada de um dia, pouco mais de 30 quilômetros. Passamos por Séforis sem nos deter. Eu me perguntava para onde haveria de ter ido a beleza de Séforis? Seus prédios imponentes, a ágora vigorosa, ruas calçadas com pedras onde passei imaginando o desfile do triunfo? Atravessamos a cidade e não a encontrei. Nossa pequena caravana seguiu. Alcançamos o porto de Ptolomaida no começo da noite.

Chegamos exaustos. Sem a ajuda de meu pai, precisamos pedir informações sobre onde encontrar o mercador Simeon, que era dono de uma embarcação. Não foi difícil. Em frente à sua casa, nosso amigo se surpreendeu ao ver nossa pequena caravana ladeada por servos com espadas presas aos cintos. Simeon era um homem bom e logo nos levou para cuidar de meu pai e nos hospedar em sua casa. Sua família nos recebeu com carinho. Comoveram-se ao saber o que tinha nos acontecido. Meu pai demorava a se recuperar. Uma surra como a que levou, em sua idade, não proporcionaria uma rápida recuperação. Tinha hematomas pelo corpo todo, edemas pelo rosto, os olhos afetados, dores abdominais e um braço quebrado.

A família de Simeon era muito hospitaleira. Acolheram-nos como a seus familiares. Adara, esposa de Simeon, fazia de tudo para que nos sentíssemos bem. Sempre estava providenciando as melhores refeições que poderíamos esperar. Não deixou que sequer a ajudássemos com os afazeres. Nada que nos afastasse do lado do meu pai. Durante o jantar, minha mãe perguntou sobre Yesher.

—Amigo Simeon, preciso saber notícias de Yesher. Por favor, me diga algo?

—Naamah, tenho ótimas notícias a lhe dar.

Simeon nos contou que apresentou meu irmão a um amigo, também mercador e conseguiu trabalho para Yesher em seu barco. O mercador estava de partida para Neápolis, cidade portuária do outro lado do Mediterrâneo, onde tinha mercadorias para entregar. Alguns dias em Neápolis foram suficientes para que meu amigo conseguisse uma carga para Ptolomaida. Yesher o ajudou a carregar o navio, mas disse que não voltaria para cá. O barco de meu amigo partiu de volta para Ptolomaida, e Yesher ficou em Neápolis esperando lhe surgir trabalho a bordo de um barco que fosse para o porto de Rodes, de onde pretendia viajar por terra para Filipos, não muito distante dali, mais ou menos uns 15 quilômetros de distância.

Enquanto isso, Yesher permaneceu trabalhando como estivador no porto. Simeon disse que não nos preocupássemos. O porto de Neápolis tinha bastante movimento e muito rápido Yesher conseguiria encontrar um barco que o levasse até Rodes. Simeon disse que Yesher era um rapaz forte, ágil e bem-preparado, seria fácil encontrar trabalho, ele não passaria necessidade. Talvez a essa altura, já pudesse estar em Rodes, quem sabe até em Filipos. Quando Yesher se despediu de Simeon, pediu-lhe para entregar um recado para sua família: ele logo chegaria em Filipos e lá era tão longe, que nenhum galileu ou romano o encontraria, nem o conheceria. Todas essas notícias deixaram nosso coração um pouco mais leve. Sabíamos que Yesher conseguiria chegar à casa de Lídia. O que nos preocupava agora era o estado de saúde de meu pai.

Na manhã seguinte, ficamos mais inquietos. Meu pai não reagia bem. Sentia muitas dores na barriga e seus olhos permaneciam embaçados, sem visão plena. Mal podia comer devido aos ferimentos na mandíbula e perda de dentes. Sua urina saía avermelhada. Ele falava pouco, sem forças, apenas nos disse que nos preparássemos para voltar para o Chipre, para a casa de nossos parentes. Chamou Simeon e lhe pediu mais esse favor.

—Não se preocupe, amigo Oren, eu cuidarei de tudo. Levarei vocês todos para o Chipre assim que você estiver melhor para poder viajar — disse Simeon.

Depois da breve conversa com Simeon, meu pai pareceu mais alegre, passou o dia até mais disposto. Esboçou sorrisos quando nos reunimos à noite para o jantar. Naquela noite, meu pai dormiu tranquilo e em paz ele partiu.

18

Além-Mar

*Despedindo-nos uns dos outros,
embarcamos; e eles voltaram para casa.*
(ATOS 21:6)

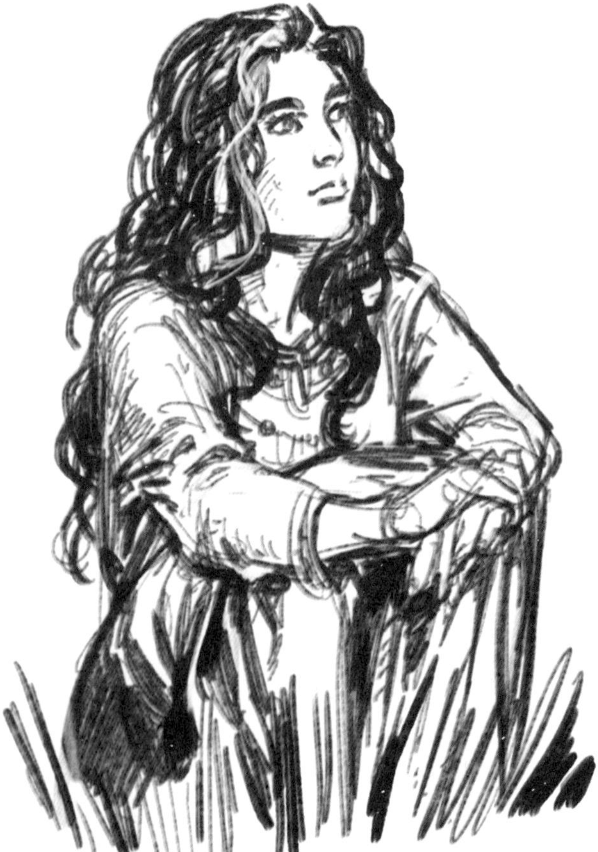

Subir e descer montanhas líquidas, tendo sob os pés tábuas flutuantes e o vento a chapiscar marulhos salgados no rosto, escorridos pelos cabelos, pescoço, ombros, seguindo no íntimo o ritmo dos vagalhões nauseantes, da crista aos vales. Águas-vivas flutuavam em transparente soberania em seus domínios, passando incólumes pelas laterais do barco, depois da borrasca que agitou o mar na noite anterior. Olhei outra vez para a costa. Já não enxergava o porto de Ptolomaida, nem o monte Carmelo. Só a bruma deitada sobre as águas desfocando o horizonte. Nada mais. Voltou-me à lembrança o choro das carpideiras, dos cantores e dos instrumentos musicais. O corpo de meu pai envolto em panos de linho foi levado sobre um andor até o local do sepultamento com todas as honras funerais.

Simeon ofereceu lugar na tumba que pertencia à sua família, um túmulo escavado em uma rocha. Logo na entrada avançava um pequeno telhado suportado por duas colunas. Estas emolduravam a entrada do jazigo fechado por uma pedra em formato de roda, encaixada em uma canaleta sobre a qual rolava ao ser aberta a cripta. Assim que nos aproximamos, pudemos ver entalhes no exterior da pedra. Eram uma parte do Salmo de Davi: "Bendiga, minha alma, o SENHOR". No interior, junto à entrada, havia uma escadinha para baixo. Nas paredes da cripta, diversas prateleiras escavadas suportavam caixas cerâmicas de formato retangular com nomes de pessoas e tampas entalhadas com flores, os ossuários. Uma laje retangular de pedra esculpida no centro da pequena sala fria foi a cama onde o corpo de meu pai foi deitado. Ao seu lado, colocamos potes com especiarias, perfumes, mirras e aloés. Antes da pedra ser rolada de volta nos separando definitivamente do meu pai, ficamos diante da tumba. Simeon abriu um pergaminho, que havia trazido consigo. Ele leu o Salmo, cuja parte estava entalhada na roda de pedra da entrada da tumba.

> *Bendiga, minha alma, o S<small>ENHOR</small>,*
> *e tudo o que há em mim bendiga o seu santo nome.*
> *Bendiga, minha alma, o S<small>ENHOR</small>,*
> *e não se esqueça de nem um só de seus benefícios.*
> *Ele é quem perdoa todas as suas iniquidades;*
> *quem cura todas as suas enfermidades;*
> *quem da cova redime a sua vida*
> *e coroa você de graça e misericórdia.*
> *É ele quem enche de bens a sua vida,*
> *de modo que a sua mocidade se renova como a da águia.*
> *O S<small>ENHOR</small> faz justiça e julga todos os oprimidos.*
> *Manifestou os seus caminhos a Moisés*
> *e os seus feitos aos filhos de Israel.*
> *O S<small>ENHOR</small> é compassivo e bondoso;*
> *tardio em irar-se e rico em bondade.*
> *Não repreende perpetuamente,*
> *nem conserva para sempre a sua ira.*
> *Não nos trata segundo os nossos pecados,*
> *nem nos retribui conforme as nossas iniquidades.*
> *Pois quanto o céu se eleva acima da terra,*
> *assim é grande a sua misericórdia para com os que o temem.*
> *Quanto o Oriente está longe do Ocidente,*
> *assim ele afasta de nós as nossas transgressões.*
> *Como um pai se compadece de seus filhos,*
> *assim o S<small>ENHOR</small> se compadece dos que o temem.*
> *Pois ele conhece a nossa estrutura e sabe que somos pó.*

*Quanto ao ser humano, os seus dias são como a relva.
Como a flor do campo, assim ele floresce;
mas, soprando nela o vento, desaparece
e não conhecerá, daí em diante, o seu lugar.
Mas a misericórdia do Senhor
é de eternidade a eternidade sobre os que o temem,
e a sua justiça, sobre os filhos dos filhos,
para com os que guardam a sua aliança
e para com os que se lembram dos seus preceitos
e os cumprem.
Nos céus, o Senhor estabeleceu o seu trono,
e o seu reino domina sobre tudo.
Bendigam o Senhor os seus anjos,
valorosos em poder, que executam as suas ordens
e lhe obedecem à palavra.
Bendigam o Senhor todos os seus exércitos,
ministros seus, que fazem a sua vontade.
Bendigam o Senhor todas as suas obras,
em todos os lugares do seu domínio.
Bendiga, minha alma, o Senhor.* (SALMO 103)

A pedra foi rolada de volta. *Adeus papai.*

Os dias se seguiram em convivência com a dor da ausência, a tristeza de não ver nem ouvir mais alguém a quem eu amava tanto. Entretanto era preciso seguir com a vida. Como? Eu descobriria. Restamos nós duas, minha mãe e eu. Simeon e Adara insistiram para que ficássemos morando com eles o quanto quiséssemos, sua casa era grande o suficiente para nos acolher, diziam eles. Faziam tudo para nos agradar e amenizar as dores da perda e da saudade. Após o sepultamento de meu pai, minha mãe disse que não queria se tornar um peso para nossos anfitriões e ofereceu nossos pertences como retribuição pela hospitalidade. Simeon e Adara agradeceram, mas recusaram e até sugeriram que não nos desfizéssemos de nada, mas se quiséssemos, poderíamos vender na ágora. Minha mãe ponderou que seria ainda mais custoso atravessar o mar até o Chipre levando excessos de bagagem. Assim, montamos uma tenda na ágora de Ptolomaida para expor pertences e parte do lote de azeite que trouxemos da Galileia. Dentre os objetos expostos estavam nossos mantos púrpura. Simeon também expôs mercadorias obtidas em suas viagens. Sentei-me no canto e toquei o meu saltério depois de tanto tempo. Cada nota expressava sentimentos que me pesavam no coração, tão diferente das vezes em que estivemos na ágora de Séforis. Porém, com aquela sua capacidade intrínseca de surpreender e mudar nosso estado, a música foi me trazendo alegria. Toquei salmos dedicados ao louvor de *Yahweh*. Eu havia me esquecido dessa sensação. Agora ela voltou a me habitar. Não só a mim, mas percebi que todos em nossa tenda fomos inspirados por aquele mesmo sentimento de conforto, um vento de consolação soprando para longe o pesar.

—Com licença — disse um oficial romano postado em frente à tenda.

—Seja bem-vindo, senhor. Alguma coisa lhe agrada? — disse Simeon.

—Gostaria de ver os mantos — o oficial apontou para os mantos púrpura que havia levado para vender.

—Sim, senhor. Aqui estão.

—São tecidos excelentes. Um artigo como esse não se vê sempre. Você é um mercador de bom gosto, senhor.

—Na verdade, oficial, esses mantos são da senhora Naamah, que pode lhe explicar melhor sobre eles — disse Simeon apresentando minha mãe.

—A senhora tem aqui um artigo precioso — disse o oficial.

—Sim, senhor. Muito obrigada por apreciar. Foi presente de uma parente distante.

—Ora, sua parente lhe deu um presente muito fino. Desculpe-me se sou indiscreto, mas por que quer vendê-los, senhora Naamah?

—Senhor, meu marido faleceu. Minha filha e eu pretendemos viajar para o Chipre, terra de nossos parentes.

—Sinto muito, minha senhora. Realmente lamento. Sei bem o que é perder alguém a quem amamos. A jovem que dedilha essas lindas músicas é sua filha? — disse o romano olhando para mim e parei de tocar.

—Sim, senhor.

—Moça, não pare de tocar, por favor. É muito bonito!

Voltei-me para meu instrumento e toquei

—Bem, eu gostaria de comprar os mantos.

—Muito obrigada, oficial!

—Senhora Naamah, teria algo mais a vender?

—Sim, senhor oficial. Temos esse azeite que nós mesmos produzíamos em nossas terras na Galileia. Prove um pouco, por favor — disse minha mãe oferendo-lhe pão em uma tigela para molhar em um pouco de azeite.

O homem olhou sem se atrever a perguntar mais, como se tivesse entendido algo nas entrelinhas, que não deveria ser revolvido.

—Delicioso, senhora! Talvez o mais saboroso que eu já provei. Levarei tudo.

Não sabíamos bem como reagir. O oficial pediu a seus servos que carregassem suas compras. Puxou um bornal que estava preso sob o manto do uniforme. Ele despejou as moedas nas mãos da minha mãe. O valor que ele deu a ela era muito maior do que o preço que ela pedira.

—Senhor, há moedas a mais — disse minha mãe, estendendo-lhe a mão para devolver o excedente.

—Não, senhora. Está certo. Não, não. Na verdade, sua mercadoria vale mais do que eu lhe dei. Tome aqui — disse o oficial dando-lhe mais moedas.

—Mas o senhor terá prejuízo! — tentou argumentar minha mãe.

—Asseguro-lhe, senhora, que não terei prejuízo algum. Tive muita sorte em encontrar artigos como os que a senhora tem aqui. Por favor, guarde para suas despesas.

—Não sei como agradecer, senhor.

—Não precisa, senhora. Eu lhe desejo sorte — disse o jovem oficial se despedindo.

Estávamos surpresas. Encontramos bondade no inesperado. Simeon nos disse que aquele era o tribuno-chefe, filho de um senador romano com grandes aspirações políticas. Veio em visita aos territórios do oriente ocupados pelo império com a missão de inspecionar e relatar ao imperador detalhes sobre a administração das regiões conquistadas. Enquanto ainda estávamos surpresas, mais clientes vieram à nossa tenda ver o que tínhamos para vender. A negociação com aquele homem importante despertou curiosidade em mais pessoas. Sem saber, ele continuava nos ajudando. Aproveitando a maré de bons negócios, ali mesmo na ágora, Simeon negociou um novo carregamento de cereais para Selêucia. Dali ele nos levaria para Salamina. Era hora de nos despedir de amigos valiosos. Sentimos em deixá-los, mas nosso destino era a ilha de Chipre.

Simeon navegou como habitualmente, seguindo a costa até alcançar o porto de Selêucia, às margens do rio Orontes, na Síria. O navio fora descarregado. Passamos a noite naquela cidade. Simeon deixou os servos dormindo no barco para vigiá-lo e levou-nos para nos hospedar em uma estalagem bem próxima do ancoradouro. Logo cedo, retomamos a viagem. À frente, o cheiro da maresia e o som do barco vencendo vento e ondas indicavam o destino do outro lado do mar. Simeon disse que a travessia entre Selêucia e Salamina tinha águas mais tranquilas, diferentemente do que teríamos encontrado, se tivéssemos enfrentado mar aberto em direção a Pafos, do outro lado da ilha do Chipre.

Os olivais dos nossos parentes ficavam mais para o interior da ilha, não muito distante de Salamina. Ali estava nosso recomeço. Despedimo-nos de Simeon e partimos com os nossos servos que nos acompanhavam. Chegamos a uma propriedade que minha mãe reconheceu. Pedimos informações para trabalhadores nos campos e eles confirmaram. Ao saber que se tratava de uma parente de seu senhor, levaram-na para a casa. Minha mãe reencontrou seu irmão mais velho e sua família. Ele não podia acreditar que estava vendo sua irmã novamente e apresentou seus filhos e sua esposa. A notícia da morte de meu pai deixou a todos entristecidos. O irmão de meu pai veio nos visitar assim que soube que voltáramos para o Chipre. Ele foi quem mais sofreu e chorou muito conosco.

Logo o lugar foi se enchendo de familiares que eu não sabia quem eram, porém nos recebiam como se nos conhecêssemos desde sempre.

O tempo de luto deu lugar à nova rotina, novos hábitos, rostos novos. Logo, minha mãe e eu começamos a trabalhar nos olivais dos nossos parentes na ilha. Era o que sabíamos fazer e era a melhor maneira de seguirmos em frente. Além disso, queríamos ajudar e não nos tornar um peso para nossos parentes. Eu tentava ser útil como podia. Os dias da Galileia foram se distanciando cada vez mais à medida que as estações passavam. O olival fazia me sentir à vontade, em casa, conectada à vida. Desejava reproduzir a felicidade que tínhamos antes, colhendo e prensando azeitonas como fazíamos na Galileia. Isso parecia me aproximar do meu pai. O aroma do olival, o calor do sol refrescado pelo vento, o lagar vertendo a cor verde do azeite. *Lamento Yesher não estar aqui conosco.*

As pessoas nos observavam, viam a maneira como colhíamos as azeitonas sem chacoalhar as oliveiras, sem bater nelas com varas. Tratávamos os frutos com o cuidado de não os machucar. Dizíamos que a resposta vinha em forma de um azeite mais saboroso e perfumado, ainda que o processo demandasse mais tempo. Aos poucos, íamos compartilhando nossas histórias e o método que usávamos em nosso olival na Galileia, que tornaram nosso azeite tão bem afamado não só entre os galileus de Caná, mas também procurado por jerusalemitas, romanos e muitos gentios.

Alguns dos nossos vizinhos estiveram em Jerusalém na festa da Páscoa em que Jesus fora crucificado. Desde que souberam que viemos da Galileia, procuravam-nos para perguntar sobre o Mestre. Pela primeira vez tomamos ciência de que havíamos nos tornado testemunhas oculares daquela história. Éramos o mais próximo de Jesus que a maioria conhecia. Não havíamos nos dado conta até então. Durante o *Shabat* nos reuníamos com a vizinhança para cear e conversar. Formávamos uma pequena comunidade judaica reunida no Chipre. Mais reuniões se seguiram e outras pessoas tementes a Deus vieram. Durante os nossos encontros, contávamos o que a Galileia viveu naqueles dias. Quanto mais falávamos sobre os milagres e ensino de Jesus, mais aquilo enchia nossos corações e mais queríamos conversar. A alegria aparecia nesses momentos e eu retomava meus dedilhados no saltério. Juntos cantávamos Salmos, orávamos juntos. Pedíamos a *Yahweh*, o grande "Eu Sou", que nos ajudasse a entender Sua vontade para nossa vida.

Na primavera, um ancião de Salamina, amigo dos nossos parentes, veio comprar azeite. Ficou interessado em saber o que tínhamos a dizer sobre o Mestre nazareno, assim que soube que éramos da Galileia. Meu tio o convidou para passar o *Shabat* conosco, assim, poderíamos conversar bastante. E ele tinha muitas perguntas. Meu tio fez questão de hospedá-lo em casa alguns dias. Queriam que aquele senhor ficasse para compartilhar conosco as Escrituras. Soubemos que o filho daquele ancião estava na Judeia. Seu nome era José, conhecido também por Barnabé. Ao redor da mesa, durante o *Shabat*, o homem já não parecia tão velho quando começou a falar sobre a Palavra de Deus. O entusiasmo parecia lhe trazer renovo. Lembrou trechos das Escrituras sobre o Messias, registrados no livro do profeta Isaías. Ele os conhecia de cor.

—Vejam, meus irmãos, as Escrituras nos dizem que o Messias viria da Galileia para trazer luz à Terra. Ouçam o que o profeta Isaías registrou:

Mas para a terra que estava aflita não continuará a escuridão. Deus, [...] nos últimos tempos, tornará glorioso o caminho do mar, além do Jordão, Galileia dos gentios. (ISAÍAS 9:1)

—Nenhum império na face da Terra poderia nos escravizar tanto quanto o pecado. Este, sim, reinava com o cetro de um opressor sobre todos nós, porém o Messias viria para derrotá-lo.

O povo que andava em trevas viu grande luz, e aos que viviam na região da sombra da morte resplandeceu-lhes a luz. [...] eles se alegram diante de ti, como se alegram no tempo da colheita [...] Porque tu quebraste o jugo que pesava sobre eles, a vara que lhes feria os ombros e o cetro do seu opressor. (ISAÍAS 9:1-4)

—O profeta nos ensina que o Príncipe da Paz viria trazer o Reino de Deus até nós, e que o governo desse Reino está sob sua responsabilidade.

Porque um menino nos nasceu, um filho se nos deu. O governo está sobre os seus ombros, e o seu nome será: "Maravilhoso Conselheiro", "Deus Forte", "Pai da Eternidade", "Príncipe da Paz". (ISAÍAS 9:6)

—E para que isso acontecesse custaria o preço de seu sacrifício, dores que o desfigurariam.

Não tinha boa aparência nem formosura; olhamos para ele, mas não havia nenhuma beleza que nos agradasse. Era desprezado e o mais rejeitado entre os homens, homem de dores e que sabe o que é padecer… (ISAÍAS 53:2-3)

—Mas ele enfrentaria tudo para trazer a cura às nossas vidas, recolocando-nos na eternidade junto de Deus, lugar para o qual *Yahweh* nos criou e que acabamos perdendo ao nos submetermos ao pecado.

Certamente ele tomou sobre si as nossas enfermidades e as nossas dores levou sobre si; e nós o considerávamos como aflito, ferido de Deus e oprimido. (ISAÍAS 53:4)

—O peso dos nossos pecados ele haveria de carregar para nos trazer a paz com Deus, a reconciliação com o Criador e assim a salvação.

Mas ele foi traspassado por causa das nossas transgressões
e esmagado por causa das nossas iniquidades;
o castigo que nos traz a paz estava sobre ele,
e pelas suas feridas fomos sarados.
Todos nós andávamos desgarrados como ovelhas;
cada um se desviava pelo seu próprio caminho,
mas o SENHOR *fez cair sobre ele a iniquidade de todos nós.*
Ele foi oprimido e humilhado, mas não abriu a boca.
Como cordeiro foi levado ao matadouro [...].

> [...] *foi ferido por causa da transgressão do meu povo. Designaram-lhe a sepultura com os ímpios, mas com o rico esteve na sua morte, embora não tivesse feito injustiça, e nenhum engano fosse encontrado em sua boca.*
>
> *[...] O meu Servo, o Justo, com o seu conhecimento justificará a muitos, porque as iniquidades deles levará sobre si. [...] pois derramou a sua alma na morte e foi contado com os transgressores. Contudo, levou sobre si o pecado de muitos e pelos transgressores intercedeu.* (ISAÍAS 53)

As palavras do ancião jogaram luz sobre o meu entendimento. Ele conseguiu traduzir o significado do sofrimento de Jesus na minha linguagem. Não pude deixar de comparar. Como as olivas são moídas nas pedras do lagar, para assim verter o azeite puro das primícias de Deus, o Messias se fez a oferta espontânea, o bálsamo divino que nos unge com bênçãos de salvação e cura. O mesmo azeite que mantém as lamparinas acesas com a luz da presença de Deus, que nunca se apaga — como a Menorá, o candelabro no Templo —, mantém sua chama sempre acesa e brilha no caminho mostrando por onde devemos andar.

Entendo por que Jesus disse: "Eu sou a luz do mundo". E ainda quando não há mais azeite a ser extraído na prensagem, resta a pasta das olivas amassadas, para com ela se produzir o sabão misturado às ervas aromáticas. Jesus, o Cordeiro de Deus, pode nos limpar das sujeiras impregnadas na alma, nossos pecados, promovendo limpeza regeneradora capaz de nos tornar mais alvos do que a neve. Até mesmo o último resíduo da pasta de olivas, os caroços que sobram das azeitonas moídas, são misturados à argamassa para sustentar as casas que construímos. Os ensinamentos de Jesus nos ajudam a levantar as paredes da nossa vida, a assentar uma casa firme construída sobre a rocha, a pedra do firme fundamento.

Meu coração esperava por tudo isso sem eu ter me dado conta antes. Aquilo era o encaixe perfeito nos espaços vazios da minha alma. Jesus, o Cristo, Salvador ungido, o Messias profetizado, que anunciou o Reino de Deus na Terra, morreu como o Cordeiro de Deus, em favor de todos nós. Assim venceu o pecado e enfrentou com triunfo o inimigo final, a morte, porque ele ressuscitou. Essas notícias boas me traziam a sensação de ser livre me faziam querer orar.

A partir desse momento, eu desejava falar com Deus como nunca antes. Conversava com Ele sentindo que não falava às paredes, não era um monólogo restrito a normas, práticas, rotinas repetidas no *Shabat*, o santo dia, ou ao redor da mesa quando íamos cear, não era um ritual de replicações vazias de sentido e cheias de hábitos. Diferentemente de tudo isso a oração se tornou um diálogo cheio de esperança. Fui imersa em algo inédito e intenso, algo que me traz paz. Acho que isso é o amor de Deus.

Tudo isso me fazia enfrentar com coragem a ausência e a saudade de meu pai, o trabalho e a sobrevivência que minha mãe e eu, duas mulheres sozinhas, precisávamos encarar e ainda acreditar na misericórdia para a vida de Yesher. Nas minhas orações, eu submetia a Deus a minha vontade de que, assim como aquelas sementes viajaram conosco e foram regadas ali do outro lado do Mediterrâneo, onde começavam a brotar, o mesmo acontecesse com Yesher, onde quer que ele estivesse. Suplicava pela bondade do Senhor, enviando alguém para regar as boas sementes que meu irmão levou consigo em seu coração. Quem sabe outras pessoas também possam ouvir que há salvação! Ouvindo minhas palavras, parecia impossível o que eu pedia em oração, afinal como isso poderia acontecer? *Uma sonhadora. Decerto era isso que eu era.* Como essas boas notícias atravessariam mares e estradas, distâncias tão grandes a percorrer? E caso isso acontecesse, quem daria crédito a essa pregação?

Não consigo imaginar gregos ou romanos deixando de lado suas filosofias, seus numerosos deuses, seus templos luxuosos, seus costumes seculares para ouvir uma história de amor e salvação oferecida por um judeu que morreu crucificado. Logo um judeu? Povo dominado, desacreditado e visto com preconceito. Talvez meus pensamentos e orações sejam mais otimistas que a realidade. Será que as pessoas entenderiam Jesus caso ouvissem sobre ele? Ou colocariam de novo na cruz tudo o que ele fez e ensinou, desprezando ou até interpretando mal? Poderiam torturar e matar os mensageiros por discordar da mensagem? É possível. Porém, minha esperança é que, assim como eu, outros mais possam ter entendido e acolhido esse amor divino. Os discípulos, aqueles que o seguiram pelas cidades, os que viram e os que viveram seus milagres podem ser semeadores das boas notícias e essas sementes podem brotar, crescer, florescer e frutificar.

Jesus enfrentou o lagar no Jardim do Getsêmani. Foi pisado e moído por pesadas pedras, até dele ser extraído tudo. Mas renasceu nos trazendo a esperança para viver o Reino de Deus agora, daqui até a eternidade. Jesus é o azeite que nos unge para o seu Reino, como novos sacerdotes; é o bálsamo que nos cura; é o alimento que nos sacia; é a luz para o mundo, que clareia o caminho certo por onde devemos andar; é a estrutura da argamassa para a construção da nossa vida. Se nos esforçarmos para viver do modo digno que nele ouvimos e vimos, a mensagem de Cristo não morrerá.

De minha parte, continuarei orando e me esforçando para viver a mensagem de Jesus. Essa será a minha missão. Viver. Mesmo que eu peque, buscarei o perdão e a força para não desfalecer. Ainda me pego pensando: que resposta se pode esperar dos seres humanos? O que podemos esperar de nós mesmos? O tempo mostrará. Essa é a nossa chance.

FIM.

Sobre a autora

LIEZA CARPEGGIANI vive em Curitiba com seu marido e suas duas filhas. É graduada em Odontologia e em Comunicação Social — Publicidade e Propaganda, pela PUC-PR. Tem especialização em Teologia do Novo Testamento, pelas Faculdades Batista do Paraná (Fabapar).

É membro da PIB-Curitiba, onde serve junto ao Ministério de Artes e como integrante da organização do ministério de Congresso de Mulheres. Escreve e produz devocionais para o podcast *OXIgenese*, veiculado pela *WebRadioJV — Jovens da Verdade* e pela *Rádio Pão Diário*.